T0194531

essentials

essentials liefern aktuelles Wissen in konzentrierter Form. Die Essenz dessen, worauf es als „State-of-the-Art" in der gegenwärtigen Fachdiskussion oder in der Praxis ankommt. *essentials* informieren schnell, unkompliziert und verständlich

- als Einführung in ein aktuelles Thema aus Ihrem Fachgebiet
- als Einstieg in ein für Sie noch unbekanntes Themenfeld
- als Einblick, um zum Thema mitreden zu können

Die Bücher in elektronischer und gedruckter Form bringen das Fachwissen von Springerautor*innen kompakt zur Darstellung. Sie sind besonders für die Nutzung als eBook auf Tablet-PCs, eBook-Readern und Smartphones geeignet. *essentials* sind Wissensbausteine aus den Wirtschafts-, Sozial- und Geisteswissenschaften, aus Technik und Naturwissenschaften sowie aus Medizin, Psychologie und Gesundheitsberufen. Von renommierten Autor*innen aller Springer-Verlagsmarken.

Erich R. Unkrig

Mentale Stärke im Beruf

Resilienz und Leistungsfähigkeit maximieren

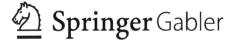 Springer Gabler

Erich R. Unkrig
Institut für lernfähige Organisationen &
Systeme
Krefeld, Deutschland

ISSN 2197-6708   ISSN 2197-6716   (electronic)
essentials
ISBN 978-3-658-39172-0   ISBN 978-3-658-39173-7   (eBook)
https://doi.org/10.1007/978-3-658-39173-7

Die Deutsche Nationalbibliothek verzeichnet diese Publikation in der Deutschen Nationalbiblio-
grafie; detaillierte bibliografische Daten sind im Internet über http://dnb.d-nb.de abrufbar.

Planung/Lektorat: Ann-Kristin Wiegmann
Springer Gabler ist ein Imprint der eingetragenen Gesellschaft Springer Fachmedien Wiesbaden
GmbH und ist ein Teil von Springer Nature.
Die Anschrift der Gesellschaft ist: Abraham-Lincoln-Str. 46, 65189 Wiesbaden, Germany

Was Sie in diesem *essential* finden können

- Sie verstehen, wodurch sich mentale Stärke von Konzepten wie bspw. Resilienz, Selbstmanagement und Positiver Psychologie unterscheidet.
- Sie erhalten einen Einblick in die Forschung zu mentaler Stärke und zu den Hintergründen der konzeptionellen Weiterentwicklung
- Sie erfahren, warum Mentaltraining aus dem Sport nicht ausreicht, um mentale Stärke im Beruf zu fördern.
- Sie lernen ein praxiserprobtes Modell mit den relevanten Handlungsfeldern und Faktoren kennen, um mentale Stärke zu entwickeln.
- Sie gewinnen ein Verständnis für ein komplexes, erfolgsrelevantes Thema.

Vorwort

Mentale Stärke ist für uns Menschen unverzichtbar; zunehmend gilt sie als grundlegend für Resilienz, Leistung und Zufriedenheit im Privaten und vor allem im Beruf. Seit rund zwei Jahrzehnten wird nach den Fähigkeiten geforscht, durch die mentale Stärke entsteht und die entwickelt werden können, um sowohl die Widerstands- und die Leistungsfähigkeit als auch die Zufriedenheit des/r Einzelnen zu maximieren. Neben dem Rückgriff auf andere Konzepte der Psychologie entwickeln sich außerdem interdisziplinäre Ansätze, die bisherige Defizite in den Denkansätzen ausgleichen (sollen).

Um ein besseres Verständnis über mentale Stärke zu vermitteln, sind die vorliegenden *essentials* in fünf Abschnitte gegliedert. Nach einer Einleitung befasst sich der zweite Abschnitt mit den Konzepten, denen wir im Kontext mentaler Stärke oft begegnen oder die hier und da mit mentaler Stärke gleichgesetzt werden. Im dritten Abschnitt widmen wir uns der konzeptionellen Entwicklung mentaler Stärke im Sport sowie den ersten Ansätzen, diese in den beruflichen Kontext sowie auf Lernen und Bildung zu übertragen. Nach einer Beschreibung des Wissensstandes wird im vierten Abschnitt ein Konzept vorgestellt, das sich bereits in der praktischen Umsetzung befindet – und das von anderen Konzepten wenig oder gar nicht beachtete Faktoren berücksichtigt, die einen signifikanten Einfluss auf die Entwicklung mentaler Stärke haben. Abschließend wird im fünften Abschnitt ein kurzes Resümee gezogen, bevor Ihnen eine umfangreiche Literaturliste die Möglichkeit eröffnet, sich mit dem ein oder anderen Aspekt intensiver zu befassen.

Erich R. Unkrig

Inhaltsverzeichnis

Einleitung

Mentale Stärke ist in der Sportpsychologie eines der am häufigsten verwendeten Konzepte, um sportliche Spitzenleistungen zu erklären. SportlerInnen, TrainerInnen oder auch KommentatorInnen bei Sportereignissen verwenden den Begriff häufig, um die mentalen Fähigkeiten eines erfolgreichen Athleten zu beschreiben (Gucciardi 2020). Aktuelle Studien (siehe beispielsweise Krane und Williams 2021) gehen davon aus, dass vor allem im Leistungssport zwischen 40 und 90 % der sportlichen Leistung auf psychologische Faktoren zurückzuführen ist. Insofern wird mentale Stärke als diejenige psychologische Ressource beschrieben, die entscheidend dazu beiträgt, Leistung auch unter Druck aufrechtzuerhalten oder zu optimieren (Beattie et al. 2020).

Obwohl mentale Stärke als Konstrukt ihre Wurzeln in den Sportwissenschaften hat und dort als entscheidend für den sportlichen Erfolg angesehen wird, ist sie nach meinen Beobachtungen und Erfahrungen in unterschiedlichen Industriezweigen, beim Militär und auch in Bildungsinstitutionen wichtig für den Erfolg. Studien in Bezug auf den Arbeitsplatz (Gucciardi et al. 2015), mit Bezug zum Militär (Gucciardi et al. 2021) oder mit dem Fokus auf Lernen und Bildung (Lin et al. 2017; McGeown et al. 2017) scheinen das zu bestätigen.

Seit der Thematisierung in den Sportwissenschaften wurden vor allem im anglo-amerikanischen Bereich eine Reihe von Definitionen zu ihrer Untersuchung vorgeschlagen[1]:

- „Mentale Stärke ist die Fähigkeit, unabhängig von den Wettkampfbedingungen konstant Leistungen im oberen Bereich des eigenen Talents und Könnens zu erbringen." (Loehr 1995)

---

[1] Zitate aus nicht-deutschsprachigen Quellen in dieser Unterlage wurden vom Verfasser ins Deutsche übersetzt.

E. R. Unkrig, *Mentale Stärke im Beruf*, essentials, https://doi.org/10.1007/978-3-658-39173-7_1

- „Mentale Stärke bedeutet eine unerschütterliche Beharrlichkeit und Überzeugung in Bezug auf ein Ziel, auch unter Druck oder Widrigkeiten." (Middleton et al. 2004, 2011)
- „Mentale Stärke heißt, einen natürlichen oder entwickelten Vorteil zu haben, der es ermöglicht, die vielen Anforderungen, die der Sport stellt (Wettkampf, Training, Alltag), effektiver als seine Gegner zu bewältigen und dabei insbesondere konstanter und besser zu sein, indem man unter Druck entschlossen, konzentriert, selbstbewusst und kontrolliert bleibt." (Thelwell et al. 2005)
- „Mentale Stärke ist eine geistige oder intellektuelle Eigenschaft, die sich unter anderem dadurch auszeichnet, dass man sich nicht einschüchtern lässt, entschlossen ist, einen Wettkampf zu beenden, auch wenn es schlecht läuft, und die Fähigkeit besitzt, Emotionen zu kontrollieren und unter dem Druck eines intensiven Wettbewerbs hochkonzentriert zu bleiben." (Oxford 2006)
- „Mentale Stärke entsteht aus einer Reihe von Werten, Einstellungen, Verhaltensweisen und Emotionen, die es einem ermöglichen, durchzuhalten und alle Hindernisse, widrigen Situationen oder erlebten Druck zu überwinden, aber auch die Konzentration und Motivation aufrechtzuerhalten, wenn die Dinge gut laufen, um seine Ziele konstant zu erreichen." (Gucciardi et al. 2008)
- „Mentale Stärke ist das Vorhandensein eines Teils oder der Gesamtheit von entwickelten und inhärenten Werten, Einstellungen, Emotionen, Kognitionen und Verhaltensweisen, die die Art und Weise beeinflussen, wie ein Individuum sich widrigen Situationen, Druck und Herausforderungen positiv und/oder negativ nähert, darauf reagiert und sie bewertet, um seine Ziele beständig zu erreichen." (Coulter et al. 2010)
- „Mentale Stärke ist ein Maß für die individuelle Belastbarkeit und das Selbstvertrauen, das den Erfolg im Sport, in der Ausbildung und am Arbeitsplatz vorhersagen kann." (Lin et al. 2017)

Wie für Sie, liebe Leser, anhand dieser Definitionen sicherlich nachvollziehbar ist, gibt es bis heute noch keinen Konsens darüber, was mentale Stärke ausmacht. Und schaut man in den deutschsprachigen Raum, wird das Verständnis über das, was mentale Stärke ausmacht, noch diffuser:

- „Mentale Stärke entsteht durch den Einklang zwischen Sein und Handeln, zwischen Wunsch und Wirklichkeit, zwischen Wollen und Tun." (Heimsoeth 2017)
- „Mentale Stärke ist die Fähigkeit, im entscheidenden Moment unter den gegebenen Bedingungen die bestmögliche Leistung abzurufen. Es ist die geistige

Leistungsfähigkeit, die bewusst und unbewusst über Erfolg und Misserfolg entscheidet." (Czerner 2019)

- „Mentale Stärke ist das Ergebnis von persönlichen Überzeugungen, Einstellungen und Denkprozessen, die dazu führen, dass sich Personen a) herausfordernde Ziele setzen und an diesen auch unter Schwierigkeiten festhalten, b) Misserfolge besser wegstecken, c) eine höhere Motivation aufweisen, sich d) weniger ablenken lassen und e) insgesamt mehr Anstrengung und Ausdauer zur Erreichung ihrer Ziele aufbringen." (Psychomeda o. J.)

Nach meinen Erfahrungen umgeht die Mehrzahl der deutschsprachigen AutorInnen dabei die Herausforderung, mentale Stärke als eigenständiges Konzept zu definieren. Ohne diese für das Erreichen eines Trainingsziels wesentliche Grundlage genauer zu beschreiben, offerieren sie auf mentale Stärke abzielende Trainings[2] (eines von vielen Beispielen findet sich bei Stäuble 2019). Vielmehr bezeichnen sie Konzepte insbesondere aus den Bereichen Selbstmanagement, Positive Psychologie oder Resilienz als Konzepte mentaler Stärke, was vielfach einer unreflektierten Umbenennung gleichkommt (siehe aktuell u. a. Braun 2020; Braun und Pilger 2022). Dies führt beispielsweise bei Ottmar Braun und Saskia Pilger dazu, mentale Stärke als „Zuversicht" und „emotionale Regulation" zu definieren und durch entsprechende Attribute wie die Fähigkeit zur Emotionsregulation, Selbstwirksamkeitserwartungen, Optimismus, Resilienz, Hoffnung und Selbstvertrauen zu beschreiben. Eine derart operationalisierte mentale Stärke soll sich nach Auffassung der Autoren langfristig positiv auswirken – vor allem hinsichtlich Arbeits- und Lebenszufriedenheit, psychischer Gesundheit, der Reduzierung von Stresserleben sowie einer geringeren Tendenz zum Burnout. Eine solche Sichtweise ist grundsätzlich nachvollziehbar, trifft sie doch auf Maßnahmen und Methoden zu, die wahrscheinlich alle mentalen Trainingsmethoden charakterisieren (Baumann 2015) (Abb. 1.1).[3]

---

[2] Der Begriff „Mentaltraining" ist zu einem Sammelbegriff für viele Richtungen und Methoden geworden, der insbesondere im Sport und zunehmend im Beruf oder auch in der Ausbildung Anwendung findet. Trotz ihrer Unterschiedlichkeit verfolgen alle Anwendungsvarianten mehr oder weniger ein gemeinsames Ziel, nämlich ganzheitliches Wohlbefinden. Im engeren Sinn ist mentales Training als das Sich-Vorstellen von Bewegungen oder Teilaspekten der Bewegung definiert (Ebersbächer 2019).

[3] Sigurd Baumann (2015) stellt fest, dass alle mentalen Trainingsmethoden in irgendeiner Weise auf Vorstellungsprozessen beruhen. Diese Vorstellungen entwickeln sich aus Erfahrungen, Erinnerungen oder der Vergegenwärtigung früherer Wahrnehmungen, aber auch durch Emotionen.

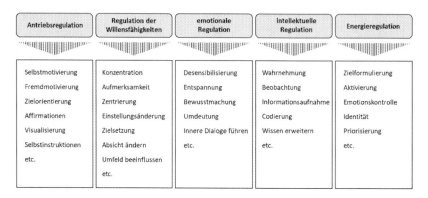

Abb. 1.1 Beispiele für Maßnahmen und Methoden zur Steigerung der Willensfähigkeit

Wissenschaftliche Erkenntnisse (vor allem aus dem anglo-amerikanischen Sprachraum) sowie meine Erfahrungen deuten jedoch darauf hin, dass solche Übernahmen bzw. Umbenennungen von Modellen, die anderen Denkrichtungen entstammen, der Komplexität der Einflussfaktoren mentaler Stärke nicht gerecht werden. Oder dass es – wie Rita Regös (2018) in ihrer Dissertation zum Thema mentale Stärke schreibt – hierzulande das Ziel bleibe, Interesse für weitere Forschungsarbeiten anzuregen, um auf diesem Wege die (Forschungs-)Defizite möglichst bald beseitigen zu können.

Mental fit und widerstandsfähig sein   2

Das Interesse am Thema mentale Stärke sei, so Richard Cowden (2017), vor allem darauf zurückzuführen, dass diese als psychologischer Faktor angesehen wird, der zu einer optimalen Leistung führen kann. Dennoch rückt das Thema erst mit Beginn des 21. Jahrhunderts in den Fokus der Wissenschaft und wird Gegenstand empirischer Arbeiten. Das wissenschaftliche Interesse nimmt zu, als die Positive Psychologie[1] entsteht und dies zu einem verstärkten Interesse an den positiven Aspekten menschlichen Funktionierens führt. Aus dieser optimistischen Perspektive auf die menschlichen Herausforderungen haben sich neben unserem Thema – mentale Stärke – auch andere Konzepte entwickelt, beispielsweise:

- Resilienz: Die Fähigkeit von Menschen, Krisen im Lebenszyklus unter Rückgriff auf persönliche und sozial vermittelte Ressourcen zu meistern und als Anlass für Entwicklung zu nutzen (Welter-Enderlin und Hildenbrand 2015).
- Grit (Entschlossenheit): Ausdauer und Leidenschaft für langfristige Ziele (Duckworth 2018).
- Hardiness (eine furchtlose, mutige Einstellung haben): eine Kombination aus drei Persönlichkeitsmerkmalen (Kontrolle, Herausforderung, Engagement), die es einem Menschen ermöglicht, mit stressigen Lebensereignissen positiv und konstruktiv umzugehen (Maddi und Kobasa 1984).

---

[1] „Positive Psychologie" bezeichnet einen Zweig der Psychologie, der sich auf Erfolg und Wohlbefinden konzentriert. Seligman und Csikszentmihalyi (2000) als Begründer dieser Denkrichtung befürworten die Betonung der positiven Aspekte der menschlichen Erfahrung, was darauf abzielt, auf den Stärken des Einzelnen aufzubauen, anstatt sich wie in der Vergangenheit auf seine Schwächen zu konzentrieren. Anstatt sich mit menschlichen Problemen zu befassen oder sich auf Krankheiten und Symptome zu konzentrieren, befasst sich die Positive Psychologie mit positiven Erfahrungen wie Zufriedenheit, Hoffnung und Flow sowie mit der Entwicklung individueller Eigenschaften wie Ausdauer, Mut und sozialen Fähigkeiten.

E. R. Unkrig, *Mentale Stärke im Beruf,* essentials,
https://doi.org/10.1007/978-3-658-39173-7_2

- Coping (Anpassungsstrategien): anhaltende Bemühungen, mit denen Individuen interne und externe Anforderungen bewältigen, die als schwierig empfunden werden oder die ihre Fähigkeiten übersteigen (Lazarus und Folkman 1984).
- Optimismus: eine Persönlichkeitsdimension, die durch die Erwartung definiert ist, dass einem Positives widerfahren wird; verallgemeinert bezieht sich Optimismus auf das gesamte Leben einer Person und nicht nur auf den ein oder anderen Bereich (Scheier et al. 2001).
- (positiver) Interpretations- und Erklärungsstil: die Art und Weise, wie ein Mensch positive oder negative Ereignisse, mit denen er konfrontiert ist, erklärt – vor allem in Bezug auf Internalität, Stabilität und Globalität (Buchanan und Seligman 1995).

Diese und andere Konzepte nehmen Einfluss auf mentale Stärke und finden sich darin weitestgehend als unterstützende Faktoren wieder. Wer sich mit diesem Thema grundsätzlich befasst, stößt früher oder später auf eine Reihe „mentaler" Eigenschaften wie mentale Gesundheit (mental health), mentales Wohlbefinden (well-being) und mentale Widerstandskraft (resilience). Auch wenn diese Begriffe manchmal synonym und oft undifferenziert verwendet werden – sie meinen nicht dasselbe (Unkrig 2022). Um die Unterschiede zu erkennen und zu verstehen, sollen zunächst die Begriffe „Gesundheit", „Wohlbefinden" und „Widerstandskraft" definiert werden, die sich nicht nur auf den mentalen Bereich beziehen (Bird et al. 2021):

- Gesundheit (health) ist ein sowohl körperlicher als auch geistiger Zustand optimaler Leistungsfähigkeit eines Individuums zur erfolgreichen Wahrnehmung der übernommenen resp. zugewiesenen Rollen und Aufgaben (in Anlehnung an Parsons 1967).
- Wohlbefinden (well-being) ist ein höchst komplexer subjektiver Bewusstseinszustand. Entscheidende Faktoren sind Belastungsfreiheit, das Erleben von Freude im Sinne kurzfristiger positiver Gefühle, Zufriedenheit nach dem Abwägen positiver und negativer Lebensaspekte und ein Empfinden von Glück, das über den momentanen Augenblick hinaus mit einem insgesamt positiven Lebensgefühl einhergeht (in Anlehnung an Hornberg 2016).
- Widerstandskraft (resilience) ist die Fähigkeit, eine Herausforderung physisch, mental und/oder emotional zu bewältigen (siehe u. a. Zautra et al. 2010).

Nach diesen grundsätzlichen Beschreibungen werden wir, liebe Leserinnen und Leser, die mentalen Aspekte dieser drei Begriffe näher betrachten.

2.1 Mentale Gesundheit

Seit Anfang des Jahrtausends hat das Interesse an mentaler Gesundheit zugenommen, sowohl in der Gesellschaft im Allgemeinen als auch in der Gesundheitsversorgung. Dies spiegelt sich u. a. in der Definition der Weltgesundheitsorganisation wider: „Psychische Gesundheit ist ein Zustand des Wohlbefindens, in dem sich der/die Einzelne mit den eigenen Fähigkeiten einbringen kann, um mit den normalen Belastungen des Lebens zurechtzukommen, produktiv und fruchtbar arbeiten zu können und damit in der Lage ist, einen Beitrag zur Gemeinschaft zu leisten." (WHO 2004)[2] Dabei ist Gesundheit mehr als die Abwesenheit von Krankheit; sie ist eine Ressource, die es uns ermöglicht, unsere Wünsche zu verwirklichen, unsere Bedürfnisse zu befriedigen und mit unserem Umfeld und der Umwelt zurechtzukommen. So verstanden ermöglicht mentale Gesundheit persönliche, soziale und wirtschaftliche Entwicklung, die auch für das im nächsten Abschnitt genannte Wohlbefinden als grundlegend angesehen werden kann.

Gesundheitsförderung ist nach Helen Herrman und Kollegen (2010; siehe hierzu auch die Definition des Robert-Koch-Instituts, RKI o. J.) der Prozess, der uns Menschen in die Lage versetzt, unsere Gesundheit im Blick zu haben und bei Bedarf zu verbessern. Zu den umweltbedingten und sozialen Ressourcen für Gesundheit gehören u. a. Frieden, wirtschaftliche Sicherheit, ein stabiles Ökosystem sowie eine sichere Bleibe. Zu den individuellen Ressourcen für Gesundheit gehören körperliche Aktivität, gesunde Ernährung, soziale Bindungen, Widerstandskraft, positive Emotionen und Autonomie. Diesbezügliche Maßnahmen können die mentale Gesundheit und damit auch das mentale Wohlbefinden (siehe Abschn. 2.2) verbessern. Was in der Konsequenz bedeutet, dass jeder Einzelne mental gesund ist resp. bleibt, wenn er das eigene Umfeld versteht und dieses als sinnvoll erlebt, darin Chancen für persönliche Entwicklung sieht, sich der Gemeinschaft zugehörig und von ihr akzeptiert fühlt und wenn darüber hinaus die eigenen Werte mit den gelebten Werten übereinstimmen und man das Gefühl hat, mit seinem Tun einen Beitrag zum Ganzen zu leisten.

Mental gesunde Menschen blühen auf (engl. flourish) und fühlen sich wohl. Sie erleben positive Emotionen und agieren sowohl mental als auch sozial ausgeglichen. Menschen, die dies nicht sind, ermatten (engl. languish), und ihr Wohlbefinden ist begrenzt. Zudem fühlen sie sich wie in einer Sackgasse, sind manchmal regelrecht verzweifelt und beschreiben sich selbst wie auch ihr Leben

---

[2] An dieser Stelle sei darauf hingewiesen, dass es eine Vielzahl von Definitionen von Gesundheit gibt, die sich auch mit anderen Aspekten wie beispielsweise „Wohlbefinden" überschneiden (können) (siehe vertiefend Franke 2012).

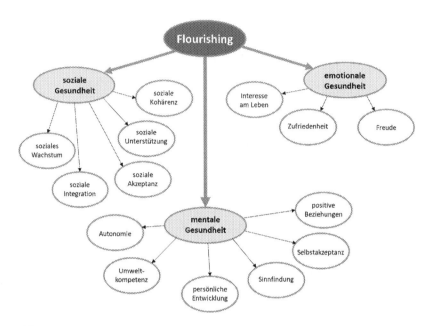

Abb. 2.1 Flourishing als Modell

als inhaltsleer und bedeutungslos. Das Risiko, in eine Depression zu verfallen, ist bei Menschen, die in einem solchen Sinne ermatten, doppelt so hoch wie bei mental gesunden Menschen; das Eintreten dieser Krankheit ist bis zu sechs Mal wahrscheinlicher als bei Menschen, die „aufblühen". Was mentale Gesundheit an positiven Aspekten mit sich bringen kann, zeigt Abb. 2.1[3].

Silvana Galderisi und KollegInnen (2015) gehen noch einen Schritt weiter, wenn sie mentale Gesundheit als den dynamischen Zustand des inneren Gleichgewichts definieren, „der es der/m Einzelnen ermöglicht, die eigenen Fähigkeiten im Einklang mit den universellen Werten der Gesellschaft zu nutzen". Wichtige Komponenten, die nach Auffassung der AutorInnen in unterschiedlichem Maße zum Zustand des inneren Gleichgewichts beitragen, sind:

- grundlegende kognitive und soziale Fähigkeiten,

---

[3] Grundlage sind die Forschungen von Corey Keyes (2002) zu den drei Faktoren und den dreizehn Dimensionen, die psychische Gesundheit als Glückszustand widerspiegeln.

- die Fähigkeit, die eigenen Emotionen zu erkennen, auszudrücken und zu regulieren (Emotionsregulation),
- die Fähigkeit, sich in andere einzufühlen (Empathie),
- Flexibilität und die Fähigkeit, mit widrigen Lebensereignissen umzugehen,
- eine harmonische Beziehung zwischen Körper und Geist.

Die Gründe für die Auswahl dieser Komponenten mentaler Gesundheit sind vor allem:

- **Kognitive Fähigkeiten** haben ebenso wie soziale einen starken Einfluss auf unser Leben; dazu gehören u. a. die Fähigkeiten, aufmerksam zu sein, sich zu informieren, Probleme zu lösen und Entscheidungen zu treffen. Zu den **sozialen Fähigkeiten** gehören beispielsweise der Einsatz verbaler und nonverbaler Fähigkeiten, um mit anderen zu kommunizieren und zu kooperieren. Beide Fähigkeitscluster sind voneinander abhängig und ermöglichen es uns, in unserem Umfeld (erfolgreich) zu agieren.
- **Emotionsregulation** wird von den AutorInnen als Vermittler bei der Anpassung an Stress angesehen. Die Flexibilität bezüglich emotionaler Reaktionsmöglichkeiten trägt laut entsprechenden Studien zur mentalen Gesundheit des Einzelnen bei; denn die Unfähigkeit, die eigenen Emotionen zu erkennen und auszudrücken, ist ein Risikofaktor für psychische Störungen. In diesem Kontext unterstützt uns Empathie[4] dabei, auf wirksame Weise zu kommunizieren, zu kooperieren und Handlungen, Absichten und Gefühle anderer vorherzusehen. Insofern beeinträchtigt das Fehlen von Empathie soziale Interaktionen.
- **Flexibilität**[5] ist eine wesentliche Fähigkeit, mit widrigen Ereignissen umzugehen, und wird von den Autoren für die Erhaltung der mentalen Gesundheit ebenfalls als wichtig angesehen. Mangelnde Flexibilität kann für einen Menschen, der plötzliche und/oder notwendige Veränderungen durchlebt, zu starkem Stress führen und dabei sogar zum Auslöser von Persönlichkeitsstörungen werden.
- **„Mens sana in corpore sano"**[6] beschreibt ein ausbalanciertes, harmonisches Verhältnis zwischen Körper und Geist. Dahinter steht, so die AutorInnen, die

---

[4] Fähigkeit, die Gefühle anderer wahrzunehmen und zu verstehen, ohne sich mit dem Gegenüber zu identifizieren und deshalb mitzuleiden.

[5] Fähigkeit, eine Vorgehensweise angesichts unvorhergesehener Schwierigkeiten oder Hindernisse zu überdenken und ggf. zu revidieren, die eigenen Vorstellungen und Pläne aufgrund neuer Erkenntnisse zu ändern und sich an Veränderungen anzupassen.

[6] „In einem gesunden Körper wohnt ein gesunder Geist."

Überlegung, dass Gehirn, Organismus und Umwelt eng miteinander verbunden sind und dass die ganzheitliche Wahrnehmung und Erfahrung der Welt nicht davon getrennt werden kann, wie sich der Körper im Umfeld fühlt.

(M)Ein Fazit an dieser Stelle
Mentale Gesundheit ist mehr als nur die Abwesenheit von psychischen Erkrankungen. Sie kann als ein Zustand verstanden werden, der es uns ermöglicht, unsere Potenziale und Stärken zu entfalten und das Leben zu genießen. Dabei müssen wir uns bewusst sein, dass die Bereitschaft, selbst aktiv – und idealerweise präventiv – auf die eigene Gesundheit Einfluss zu nehmen, von Mensch zu Mensch verschieden ist. Insofern muss jeder für sich entscheiden, mit welcher Priorität er an welchen Faktoren arbeiten will, um sein Körper-Geist-Gleichgewicht und seine mentale Gesundheit weiterzuentwickeln.

2.2   Mentales Wohlbefinden[7]

Mentales Wohlbefinden bezieht sich auf das allgemeine Glücksniveau und die Lebenszufriedenheit eines Menschen, wobei der Schwerpunkt auf den Gefühlen und Emotionen liegt (Ryan und Deci 2001). Diesbezügliche Studien (Schwartz et al. 2002; siehe auch Benjamin et al. 2011) stellen fest, dass wir grundsätzlich nach der Maximierung von (Lebens-)Zufriedenheit und (Lebens-)Freude (nach positiven Emotionen bzw. Stimmungen) streben.

Auf den Einzelnen bezogen meint mentales Wohlbefinden das subjektive, affektive und kognitive Bewerten des eigenen Lebens als einem gelingenden (Diener et al. 2002). Dabei liegt der Fokus auf einem Ausschöpfen des eigenen Potenzials, persönlicher (Weiter-)Entwicklung und Selbstverwirklichung.

Carol Ryff und Corey Keyes (1995) stellen fest, dass ein hohes mentales Wohlbefinden dann gegeben ist, wenn man im Leben selbstbestimmt handeln und Herausforderungen meistern kann, dabei persönliches Wachstum erlebt, positive Beziehungen mit anderen pflegt, Sinn im Leben erkennt und die eigene Persönlichkeit akzeptieren kann. Als Basis dafür braucht es sowohl die Erfüllung von subjektiven Bedürfnissen als auch solcher, die in der menschlichen Natur

---

[7] Mentales Wohlbefinden steht in engem Zusammenhang mit dem körperlichen. Eine entsprechende Definition liefern u. a. Kommentare zum Strafgesetzbuch (§ 223) und zum Sozialgesetzbuch (SGB IX), die besagen, dass körperliches Wohlbefinden der Zustand ist, in dem sich ein Mensch befindet, wenn er weder eine körperliche, noch eine geistige Beeinträchtigung verspürt, die ihn in irgendeiner Form belastet oder beeinträchtigt.

verwurzelt sind und die zu Wachstum und allgemeinem Wohlbefinden führen (Vansteenkiste et al. 2020)[8].

Nach Richard Ryan und Edward Deci (2001, 2017) haben Autonomie, Kompetenz, Verbundenheit und Wertschätzung eine herausragende Bedeutung für unser Wohlbefinden:

• Autonomie

Wenn wir davon überzeugt sind, dass unsere Willenskraft unbegrenzt ist, zeigen wir eine bessere Selbstregulierung und ein höheres Wohlbefinden als Menschen, die glauben, dass ihre Willenskraft eine begrenzte Ressource ist (Sieber et al. 2019). Indem wir dies ausleben, bestätigen wir uns durch unsere Handlungen, Gedanken und Gefühle selbst und erleben uns als authentisch.

• Kompetenz

Das Gefühl, kompetent zu sein, bezieht sich auf unsere Erfahrung, Situationen und Themen zu beherrschen und darin effizient und effektiv zu agieren. Das zeigt sich vor allem, wenn wir uns an Aktivitäten beteiligen, in denen wir unsere Fähigkeiten wie auch unser Wissen einsetzen und erweitern können.

• Verbundenheit

Verbundenheit entsteht durch die Erfahrung von zwischenmenschlicher Wärme, Bindung und Fürsorge. Sie zeigt sich vor allem dann, wenn wir positive Beziehungen zu anderen aufbauen resp. haben und uns in diesen akzeptiert und als für die Gemeinschaft wichtig empfinden (Hawkley und Cacioppo 2010).

• Wertschätzung

Die wahrgenommene Wertschätzung stellt vor allem im Arbeitskontext eine wichtige soziale Ressource für Leistung, Engagement und Wohlbefinden dar. Sie zeigt sich beispielsweise in konstruktivem Feedback und signalisiert aufrichtiges Interesse, Bereitschaft zur Unterstützung und Respekt (Pfister et al. 2020).

---

[8] Hier ist eine Analogie zur Maslowschen Bedürfnispyramide durchaus wahrnehmbar.

Die Entstehung der Positiven Psychologie[9] hat den Begriff Wohlbefinden wesentlich beeinflusst.[10] Aufgrund der Erkenntnis, dass die traditionelle Psychologie überwiegend auf Schwächen ausgerichtet ist, identifizierte Martin Seligman – als wohl bekanntester Pionier auf diesem Gebiet – zwei „vernachlässigte Aufgaben" (Seligman 1998): zum einen, Stärken zu stärken und die Menschen produktiver zu machen, zum anderen, die schöpferische Geisteskraft zu fördern. Darauf aufbauend entwickelte er seine „Authentic Happiness Theory" (Seligman 2004), die ursprünglich folgende Wege zum Wohlbefinden vorschlug („Orientierungen zum Glück"): Vergnügen und positive Emotionen, Engagement und Sinnhaftigkeit. Durch das Hinzufügen der Faktoren „Selbstverwirklichung" und „positive Beziehungen" entwickelte er diese Theorie später weiter[11] (Seligman 2011, 2012).

Diese Faktoren, die ich um den aus meiner Sicht in unserem Kontext relevanten Faktor „Vitalität" als physischen Aspekt ergänze (siehe Abb. 2.2), sind in der Seligmanschen „Well-Being Theory" diejenigen, die Menschen um ihrer selbst willen verfolgen und die insofern die grundlegenden Dimensionen psychologischen Wohlbefindens sind.

Positive Emotionen: Positive Emotionen haben eine erweiternde Wirkung auf die Art, wie wir denken und handeln. Sie ermöglichen es uns, automatisierte Reaktionen zu erkennen, infrage zu stellen oder sogar zu verhindern und stattdessen nach kreativen, flexiblen und neuen Wegen des Denkens und Handelns zu suchen. Positive Emotionen stehen in engem Zusammenhang mit Resilienz und Wohlbefinden. Sie sind ansteckend – und wir wissen, dass positive emotionale Zustände dem Aufbau starker Beziehungen förderlich sind. Nach Barbara Frederickson (2009) sind die zehn häufigsten positiven Emotionen Freude, Dankbarkeit, Gelassenheit, Interesse, Hoffnung, Stolz, Spaß, Inspiration, Ehrfurcht und Liebe. Solche Emotionen sind ein Hauptindikator für Wohlbefinden, und sie können kultiviert oder erlernt werden, um unser Wohlbefinden zu verbessern. Positive Emotionen zu erleben beeinflusst unser Denken, Verhalten und Handeln (Dreisbach 2008). Gleichzeitig können sie die Folgen negativer Emotionen ausgleichen und unsere Resilienz fördern. Und sie helfen uns dabei, physische, kognitive,

---

[9] Positive Psychologie als Begriff geht auf Abraham Maslow (Maslow 1954) zurück.

[10] Wohlbefinden aus Sicht der Positiven Psychologie bezieht sich auf die Bewertung des eigenen Lebens, die aus drei Komponenten besteht: Lebenszufriedenheit (kognitive Bewertung), dem Vorhandensein positiver Emotionen/Stimmungen und der Abwesenheit negativer Emotionen/Stimmungen.

[11] Im Englischen ergibt sich aus den Anfangsbuchstaben das Akronym PERMA: Positive emotions, Engagement, Relationships, Meaning, Accomplishment.

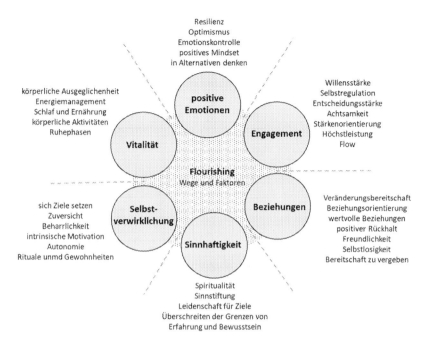

Abb. 2.2 Flourishing: Wege und Faktoren. (In Anlehnung an Madeson 2021)

mentale und soziale Ressourcen zu entwickeln, die zu Resilienz und allgemeinem Wohlbefinden führen.

Engagement: Engagement zeigt sich darin, dass wir unsere Fähigkeiten und Stärken einsetzen, um Herausforderungen anzugehen und zu meistern. Wenn wir engagiert sind, fokussieren wir unsere Aufmerksamkeit auf eine Aufgabe und sind ganz bei der Sache. Nach Seligman entspricht Engagement dem Flow-Konzept, was die uneingeschränkte Vertiefung in eine Aktivität bedeutet. Mit anderen Worten: im gegenwärtigen Moment leben und sich ganz auf die anstehende Aufgabe konzentrieren. Dabei entstehen Flow und Engagement dann, wenn die Herausforderung den eigenen Fähigkeiten angemessen ist. Studien (Seligman et al. 2005) zum Thema Engagement haben gezeigt, dass Menschen, die eine Woche lang jeden Tag versuchen, ihre Stärken nicht nur zu nutzen, sondern auch auf neue Weise einzusetzen, nach sechs Monaten glücklicher und weniger deprimiert sind.

Beziehungen: Die Integration von Beziehungen in das Modell basiert auf der Tatsache, dass wir Menschen von Natur aus soziale Wesen sind. Beziehungen beinhalten die Interaktionen, die jede und jeder von uns mit PartnerInnen, FreundInnen, Familienmitgliedern, KollegInnen, Vorgesetzten und der Gemeinschaft als ganzer hat. Sie beziehen sich auf das Gefühl, von anderen unterstützt, akzeptiert und wertgeschätzt zu werden. Dabei haben wir grundsätzlich das Ziel, die Beziehungen zu den Menschen, die uns am nächsten sind, zu verbessern. Studien (Siedlecki et al. 2014) zeigen, dass beispielsweise das Teilen guter Nachrichten oder das Feiern von Erfolgen starke Bindungen und bessere Beziehungen fördern. Darüber hinaus steigert insbesondere in engen Beziehungen eine enthusiastische Reaktion auf andere die Intimität, das Wohlbefinden und die Zufriedenheit. In diesem Zusammenhang hat man nachgewiesen, dass einerseits ein solches Umfeld eine wesentliche Rolle bei der Verhinderung von Demenz spielt, und dass andererseits starke soziale Netzwerke bei (älteren) Erwachsenen zu einer besseren Gesundheit beitragen. Insofern sind Beziehungen für unser Wohlbefinden von elementarer Bedeutung.

Sinnhaftigkeit: Die Suche nach Sinn und Zweck sowie nach dem Gefühl, Nutzen zu stiften und Wert zu schaffen, ist eines unserer wesentlichen intrinsischen Bedürfnisse (Vansteenkiste et al. 2020). Nach Seligman entsteht ein Gefühl von Sinn vor allem dadurch, dass wir einem Ziel dienen, das größer ist als wir selbst. Beispielsweise hilft es dem/r Einzelnen, ein Lebensziel[12] zu haben, um sich angesichts besonderer Herausforderungen oder Widrigkeiten auf das zu konzentrieren, was wirklich wichtig ist (siehe vertiefend u. a. Frankl 2017). Studien (wie bspw. die von Kashdan et al. 2009) zeigen, dass Menschen, die ihren Sinn im Leben gefunden haben, länger leben, zufriedener sind und weniger gesundheitliche Probleme haben.

Selbstverwirklichung: Wir möchten spüren, dass wir uns (weiter-)entwickeln und Fortschritte machen. Und wir möchten das Gefühl haben, dass wir unsere Ziele erreichen und erfolgreich sind. Seligman verbindet mit „Selbstverwirklichung" Faktoren wie Leistung, Professionalität und Kompetenz. Das Gefühl, etwas erreicht zu haben, entsteht, wenn wir auf ein Ziel hinarbeiten, eine Aufgabe meistern und uns selbst dazu motivieren, etwas, das wir uns vorgenommen haben, zu Ende zu bringen. Das Gefühl, mit Stolz auf Erreichtes oder das bisherige Leben zurückblicken zu können, trägt zu unserem Wohlbefinden bei. Dabei beinhaltet Selbstverwirklichung sowohl Ausdauer als auch die Leidenschaft, Ziele zu erreichen. Diese inneren Antreiber führen zu einem stärkeren Gefühl des Wohlbefindens als externe Anreize wie beispielsweise Geld (Cherry 2021).

---

[12] Jeder von uns sieht wahrscheinlich einen anderen Sinn oder Zweck im Leben. Sinn kann durch einen Beruf, ein soziales oder politisches Anliegen, ein kreatives Projekt oder eine religiöse bzw. spirituelle Überzeugung entstehen.

Vitalität: Vitalität ist für unser Wohlbefinden unerlässlich. Mit Bezug auf ihre Studien sagen Ryan und Frederick (Ryan und Frederick 1997), dass Menschen mit einem stärkeren Gespür in Bezug auf ihre Vitalität nicht nur mehr Energie für das haben, was sie tun möchten, sondern auch widerstandsfähiger gegen körperliche Krankheiten sind (siehe u. a.: Masciocchi et al. 2020; Cordes et al. 2021). Dabei haben die Fähigkeiten, Pausen für die Regeneration einzulegen, ausreichend zu schlafen, bewusst zu essen und regelmäßig sportlich aktiv zu sein einen erheblichen Einfluss auf alle genannten Elemente des Wohlbefindens. Die Aufrechterhaltung der körperlichen Vitalität ist eine wesentliche Voraussetzung für den Aufbau von Resilienz und den Umgang mit Widrigkeiten und Herausforderungen (siehe u. a. Philippe et al. 2021).

(M)Ein Fazit an dieser Stelle

Mentales Wohlbefinden ist ein positives Ergebnis, das für jeden von Bedeutung ist, denn es zeigt, dass wir das, was wir tun, als gut empfinden. Die genannten Indikatoren erfassen, was wir im Leben denken und fühlen – beispielsweise die Qualität unserer Beziehungen, positive Emotionen, die Verwirklichung unseres Potenzials oder die allgemeine Lebenszufriedenheit. Dabei steht Wohlbefinden mit gesundheitlichen, beruflichen, familiären und wirtschaftlichen Vorteilen in Verbindung: Es geht einher mit einem geringeren Erkrankungsrisiko, einer schnelleren Genesung und einer höheren Lebenserwartung. Auch sind Personen mit einem hohen Wohlbefinden produktiver.

Mentale Stärke – ein Überblick

3

3.1 Mentale Stärke – eine noch junge Disziplin

Literatur über mentale Stärke stammt zumeist aus dem Sportkontext. Die Initiative, sich mit diesem Thema zu befassen, geht dabei von den Überlegungen und Veröffentlichungen von James Loehr (Loehr 1982, 1986) und Alan Goldberg (Goldberg 1998) aus.

James Loehr entwickelte sein Konzept der mentalen Stärke auf der Grundlage von Beobachtungen von und persönlichen Erfahrungen mit SportlerInnen. Er definierte diese Stärke als psychologische Kompetenz und als eine Einstellung, die Eigenschaften wie beispielsweise Motiviertsein, Eigenständigkeit, positives Denken, Realismus, Emotionskontrolle etc. beinhaltet: Ein/e Sportler/in muss solche mentalen Fähigkeiten erwerben, pflegen und weiterentwickeln, um sowohl ein hohes Maß an mentaler Stärke zu haben, als auch, um Höchstleistungen zu erbringen. Auf dieser Grundlage entwickelte er das „Psychological Performance Inventory", das aus sieben Unterkategorien besteht, die – nach seinem Verständnis – die wesentlichen Bestandteile mentaler Stärke darstellen:

- Selbstvertrauen
- Aufmerksamkeitskontrolle
- Minimierung negativer Energie
- Steigerung positiver Energie
- Aufrechterhaltung des Motivationsniveaus
- Einstellungs-/Verhaltenskontrolle
- visuelle Kontrolle

E. R. Unkrig, *Mentale Stärke im Beruf*, essentials, https://doi.org/10.1007/978-3-658-39173-7_3

Alan Goldberg (Goldberg 1989) definierte mentale Stärke auf der Grundlage seiner Erfahrungen und Interaktionen mit SportlerInnen aus verschiedenen Sportarten und Leistungsniveaus. Er beschrieb mentale Stärke als die Fähigkeit, mit Widrigkeiten umzugehen sowie als eine Form der Resilienz, die sich vor allem auszeichnet durch Beharrlichkeit und dadurch, nicht aufzugeben, bevor man nicht sein Ziel erreicht hat. Mentale Stärke ermöglicht es auf diese Weise, Misserfolge zu verkraften und nach solchen wieder aufzustehen und weiterzumachen. Goldberg überließ es dabei den LeserInnen weitestgehend selbst, aus den von ihm vorgeschlagenen 10 Schritten zur (Weiter-)Entwicklung mentaler Stärke (wie beispielsweise Leidenschaft, Freude oder einem hohen Maß an Selbstvertrauen) das zugrunde liegende Konstrukt nachzuvollziehen.

Zusammenfassend lässt sich festhalten, dass mentale Stärke nach Loehr und Goldberg durch die Aneignung spezifischer Strategien und Techniken erworben werden kann, wie beispielsweise der Steigerung der Selbstbeherrschung, dem Umgang mit Ängsten und dem Aufbau von Selbstvertrauen. Der Verdienst beider Autoren liegt vor allem darin, dass ihre Beiträge dazu angeregt haben, über den Zusammenhang von mentaler Stärke und persönlicher Leistungsfähigkeit nachzudenken. Einige Wissenschaftler (siehe beispielsweise Connaughton et al. 2008; Gucciardi und Gordon 2011) bewerten ihre Schlussfolgerungen allerdings als zu oberflächlich, da die Erkenntnisse und Folgerungen nicht auf empirischen Daten beruhen, sondern eher auf Anekdoten aus der Beratung oder Beobachtungen bzw. Selbstbeschreibungen (Zitaten) von (Spitzen-)SportlerInnen.[1] Hinzu kommt, dass Qualifizierungsangebote zum Thema mentale Stärke bisweilen als wissenschaftlich fundiert dargestellt werden – bei gleichzeitigem Hinweis darauf, dass entsprechende Studien nicht auf einem Modell mentaler Stärke beruhen, sondern auf jenem des positiven Selbstmanagements, und dass die Inhalte denen der Positiven Psychologie entsprächen (siehe beispielsweise: careergames.de; Braun 2020)[2].

Gegenstand empirischer Forschung ist mentale Stärke erst seit Beginn unseres Jahrtausends. Wahrscheinlich führten Sansonette Fourie und Justus Potgieter (Fourie und Potgieter 2001) 2001 die erste qualitative Studie zum Thema durch; sie benannten 12 Komponenten, aus denen sich mentale Stärke entwickelt:

---

[1] Eine vergleichbare Systematik der Darstellung finden wir nach wie vor in zahlreichen deutschsprachigen Veröffentlichungen (siehe beispielsweise: Heimsoeth 2017; Müssener 2022).

[2] Sandra Mihailović und Ottmar Braun (careergames.de; siehe ergänzend Braun 2020) geben zu ihren Trainings mentaler Stärke an, dass Inhalte und Techniken der Positiven Psychologie sowie einer weiteren Selbstmanagementkompetenz vermittelt und durch praktische Anwendungen eingeübt werden.

- Motivationsniveau
- Anpassungsstrategien
- Aufrechterhaltung des Selbstvertrauens
- kognitive Fähigkeiten
- Disziplin und Zielorientierung
- Wettbewerbsaffinität
- körperliche und mentale Fitness und Flexibilität
- Teamorientierung
- Planungs-/Vorbereitungsfähigkeiten
- spirituelle Überzeugungen
- Arbeitsethik

In der Folge wurden weitere Studien (siehe insbesondere: Bull et al. 2005; Jones et al. 2007; Gucciardi et al. 2008; Connaughton und Hanton 2009; Middleton et al. 2011) durchgeführt, um mentale Stärke zu beschreiben und die diesbezüglichen mentalen Ressourcen (Kognitionen, Emotionen, Einstellungen, Werte, Verhaltensweisen) zu identifizieren, über die SportlerInnen mit einer ausgeprägten mentalen Stärke verfügen (beispielsweise Selbstvertrauen, Motivation, Arbeitsethik, Beharrlichkeit sowie die unerschütterliche Überzeugung, ein Ziel trotz Stress oder Widrigkeiten erreichen zu können). Zusammengefasst zeigen die Ergebnisse aus diesen Studien, dass mentale Stärke mehrdimensional ist und aus den folgenden Komponenten besteht:

- Selbstwirksamkeit
- Potenzial
- mentales Selbstkonzept
- Vertrautheit mit der Aufgabe
- Wertschätzung
- persönliche Bestleistungen
- Zielbindung
- Ausdauer
- Aufgabenfokus
- Positivität
- Stressminimierung
- positive Vergleiche[3]

---

[3] Vergleiche helfen, mit Herausforderungen umzugehen und die eigene Leistung zu verbessern: Indem wir uns mit Personen vergleichen, die in einer bestimmten Sache (etwas) besser sind, lernen wir von ihnen (Wheeler und Suls 2015).

Obwohl über die Multidimensionalität des Konstrukts „mentale Stärke" weitestgehend Konsens besteht, herrscht keine Einigkeit darüber, wie es um die Stabilität
des Konstrukts steht. So definieren einige Autoren (beispielsweise Clough et al.
2022) mentale Stärke als ein Persönlichkeitsmerkmal, das über die Zeit und
über Situationen hinweg relativ stabil ist. Andere meinen, dass mentale Stärke
durchaus instabil sein kann (siehe beispielsweise Jones et al. 2007). Diese unterschiedlichen Ansichten führen zur Frage, ob es möglich ist zu intervenieren, um
mentale Stärke zu fördern. Dies regte die Forschung dazu an, sowohl Quellen
(wie beispielsweise Eltern, TrainerInnen) als auch Prozesse (wie beispielsweise
das (Motivations-)Klima) zu identifizieren, die sich positiv auf mentale Stärke
auswirken (siehe u. a. Connaughton et al. 2011). Daniel Gucciardi (2020) stellt
dazu fest, dass Ergebnisse aus entsprechenden Studien nahelegen, dass mentale
Stärke zwar relativ stabil ist, jedoch deutlich vom Umfeld beeinflusst wird und
insofern positiv wie negativ beeinflussbar ist. Daher geht er davon aus, dass sie
von Situation zu Situation variiert. Er schlägt vor, die Ressourcen als determi-
niert (d. h. Richtung und Energie für persönliche Ziele bereitstellend), effektiv
(d. h. die Kongruenz zwischen dem Verhalten und den gesetzten Zielen maxi-
mierend) und flexibel (d. h. sich konkurrierenden Zielen, Neuem, Veränderungen
und Unsicherheiten anpassend) anzusehen. Diese Ressourcen würden somit die
Zielverfolgung ermöglichen, bei der SportlerInnen auf verschiedene Stressfaktoren treffen können. Weitere Studien (siehe beispielsweise Hardy et al. 2014;
Gucciardi et al. 2015; Anthony et al. 2020) untersuchten mentale Stärke aus
einer verhaltensorientierten Perspektive und fokussierten sich vor allem darauf,
was diese Stärke dem/r Einzelnen ermöglicht. Lew Hardy und Kollegen meinten,
dass sich mentale Stärke darin zeigt, in widrigen Situationen die eigenen Ziele
zu erreichen. So gesehen wäre mentale Stärke ein beobachtbares Verhalten.[4]

3.2   Konzeptionelle Ansätze im Sport

Ungeachtet der skizzierten Entwicklungen im Forschungsgebiet mentale Stärke
gibt es immer noch keinen Konsens darüber, was mentale Stärke eigentlich ist
(Gucciardi 2020). Angesichts der Uneinheitlichkeit in Bezug auf die Art und
Weise, wie mentale Stärke definiert und operationalisiert wird, stelle ich im Folgenden die gemäß meiner Wahrnehmung wichtigsten konzeptionellen Ansätze für
mentale Stärke kurz vor und setze sie zueinander in Beziehung. Dabei sind drei

---

[4] Auch andere Forscher wie Stuart Beattie und Kollegen (2017, 2019) sprechen sich für einen
verhaltensorientierten Ansatz zur Untersuchung von mentaler Stärke aus.

Modelle relativ einflussreich: jenes von Peter Clough und Kollegen (2002), das anhand quantitativer Studien entwickelt wurde, das von Graham Jones und Kollegen (2007), das auf Basis qualitativer Studien entstand, und das Verhaltensmodell von Lew Hardy und Kollegen (2013; siehe auch Arthur et al. 2015).

3.2.1 Das 4 C-Modell von Peter Clough

Peter Clough und Kollegen setzten sich 2002 zum Ziel, Kriterien zu entwickeln, mit denen individuelle Unterschiede hinsichtlich mentaler Stärke bewertet werden können. Gestützt auf Feldforschungen wie die bereits genannten von Loehr und Goldberg sowie auf anekdotische Belege von SportlerInnen, TrainerInnen und BeraterInnen über mentale Leistungsfähigkeit integrierten sie ihre Ergebnisse in das gesundheitspsychologische Konstrukt „Hardiness" von Salvatore Maddi und Suzanne Kobasa (1984)[5]. Hardiness drückt sich durch eine Kombination dreier miteinander verbundener Persönlichkeitsdimensionen (die 3 C) aus:

- Engagement (commitment)
- Kontrolle (control)
- Herausforderung (challenge)

Salvatore Maddi (2004) zufolge sind Menschen mit diesen Persönlichkeitsfaktoren in dem, was sie tun, engagiert (commitment), glauben an ihre Möglichkeiten, die Ereignisse, die ihnen widerfahren, beeinflussen zu können (control), und sehen Veränderungen positiv (challenge). Dies erzeugt in diesen Menschen sowohl den Mut als auch die Motivation, die stressigen Lebensumstände in Möglichkeiten zu persönlicher Entwicklung zu verwandeln (Maddi 2006). Clough und Kollegen greifen dieses Modell auf – und fügen aufgrund ihrer Überzeugung, dass Vertrauen ein integraler Bestandteil des Verständnisses von mentaler Stärke ist, ebendieses Vertrauen (confidence) als viertes C hinzu. Da letzteres nicht explizit Teil des Hardiness-Modells ist, erklären die Autoren, dass das Hinzufügen dieser Komponente es ermögliche, die Ansichten von SportlerInnen und TrainerInnen über die Anforderungen, die die jeweils ausgeübte Sportart stellt, zu berücksichtigen. Auch wollen sie dadurch ihr Konstrukt mentaler Stärke von

---

[5] Nach Maddi und Kobasa betrachtet ein resilienter Mensch potenziell stressige Situationen als sinnvoll und interessant (Engagement), sieht Stressoren als veränderbar an (Kontrolle), betrachtet Veränderungen als normalen Aspekt des Lebens und nicht als Bedrohung und sieht sie als Chance für Wachstum (Herausforderung). Durch diese Eigenschaften ist eine resiliente Person in der Lage, unter Stress gesund zu bleiben.

Hardiness abgrenzen. Die vier Komponenten bilden zusammengefasst somit das, was als das 4 C-Modell (siehe Abb. 3.1) der mentalen Stärke bezeichnet wird. Nach diesem Modell

* nehmen mental starke Menschen negative Erfahrungen (bspw. Stress, Angst, Angstgefühle etc.) zwar wahr, interpretieren sie jedoch als Herausforderungen, die sie bewältigen können, und akzeptieren sie als Elemente oder Katalysatoren für ihre Entwicklung;
* glauben mental starke Menschen, dass sie die Kontrolle darüber haben, wie sie mit negativen Lebenserfahrungen umgehen, und dass sie über die notwendigen Fähigkeiten verfügen, um mit Angst umzugehen;

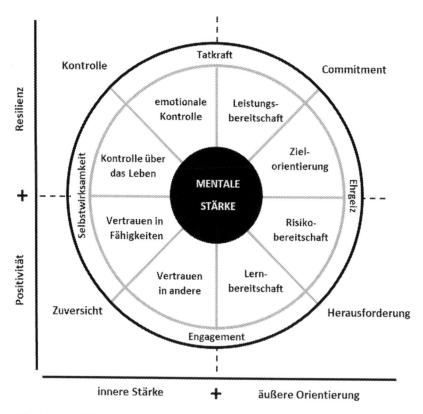

Abb. 3.1 Das 4 C-Modell der mentalen Stärke

- empfinden mental starke Menschen eine innere Verpflichtung gegenüber dem, was sie tun wie auch in Bezug auf ihre Ziele;
- sind mental starke Menschen zuversichtlich, (auch) negative Erfahrungen bewältigen zu können;
- lassen sich mental starke Menschen von anderen nicht einschüchtern.

Wie bereits angesprochen stützt sich dieses Konzept auf die theoretischen Grundlagen von Hardiness und betrachtet sie als eine Dimension der Persönlichkeit bzw. als ein Merkmal, das einen Menschen dazu befähigt, sich unabhängig von Zeit und Situation konsistent zu verhalten. Dies schlägt sich in der Charakterisierung mental starker Menschen nieder, die grundsätzlich wie folgt beschrieben werden (können): Sie sind in der Lage, ruhig und entspannt zu bleiben, sind in vielen Situationen wettbewerbsfähig und haben ein niedrigeres Angstniveau als andere. Mit einem hohen Maß an Selbstvertrauen und dem unerschütterlichen Glauben, dass sie ihr Schicksal selbst in der Hand haben, können diese Menschen relativ unbeeindruckt von Konkurrenz oder Widrigkeiten bleiben.[6]

3.2.2   Das Modell von Graham Jones[7]

Für ihre Untersuchungen zum Themenfeld mentale Stärke griffen Graham Jones und Kollegen auf die sogenannte „Theorie der persönlichen Konstrukte" (TCP, siehe Kelly 1991) zurück, die auf einem kognitiven Ansatz zur Definition und Identifikation von Ressourcen basiert und in deren Zentrum Unterschiede in der Wahrnehmung der eigenen Person und der sozialen Umwelt stehen (soziale Wahrnehmung). Diese Theorie konzentriert sich auf die Art und Weise, wie Menschen das, was ihnen widerfährt, interpretieren. Diese Interpretationen bestimmen die Reaktionen der Menschen und helfen ihnen dabei, Situationen produktiv zu antizipieren.[8]

---

[6] Im Anschluss an die Entwicklung ihres Modells entwickelten Clough und Kollegen das selbstberichtende Messinstrument MTQ-48 (Mental Toughness Questionnaire-48). Sowohl das Modell als auch das Messinstrument sind von Anwendern akzeptiert; gemäß einer aktuellen Übersicht (siehe Lin et al. 2017) ist das 4 C-Modell der am häufigsten verwendete konzeptuelle Rahmen für die Untersuchung von mentaler Stärke im Sportkontext (Meggs et al. 2019) sowie in anderen Lebenskontexten wie Bildung (St Clair-Thompson et al. 2016), Arbeit (Marchant et al. 2009) und Gesundheit (Brand et al. 2016).

[7] Die Studien von Graham Jones und Kollegen (2002, 2007) sind nach Meinung von Daniel Gucciardi (2020) die derzeit einflussreichsten im Bereich mentaler Stärke.

[8] George Kelly (1991) vertritt die Ansicht, dass der Mensch Prozessen unterliegt und deshalb nicht statisch an einem Punkt verweilt. Dadurch versucht er, Ereignisse vorherzusagen und

In ihrer Studie aus dem Jahr 2002 ermittelten Jones und Kollegen (2002)
12 Attribute, die mentale Stärke charakterisieren (hier in absteigender Reihenfolge aufgelistet, wie sie von den Studienteilnehmenden gemäß ihrer Bedeutung
eingeschätzt wurden):

• das unerschütterliche Selbstvertrauen in die eigenen Fähigkeiten, die selbstge-
  setzten Ziele erreichen zu können
• die Überzeugung, über einzigartige Qualitäten und Fähigkeiten zu verfügen,
  die einen in Relation zu anderen überlegen sein lassen
• das Verlangen und die verinnerlichten Motive, erfolgreich sein zu wollen
• die Fähigkeit, sich von Leistungseinbrüchen durch erhöhte Entschlossenheit
  zu erholen
• (auch) unter Wettbewerbsdruck zu bestehen und sich weiterzuentwickeln
• zu akzeptieren, dass Ängste im Wettkampf unvermeidlich sind – und das
  Selbstvertrauen und das Wissen, damit umgehen zu können
• sich nicht von den guten oder schlechten Leistungen anderer beeinflussen zu
  lassen
• sich auch bei Ablenkungen im Privatleben voll und ganz auf die Anforderungen (hier: den Sport) konzentrieren zu können
• die Konzentration auf den Sport anforderungs- und bedarfsgerecht ein- und
  ausschalten zu können
• sich trotz wettkampfspezifischer Ablenkungen voll und ganz auf die anstehende Herausforderung konzentrieren zu können
• körperlichen und emotionalen Schmerz überwinden und dabei Aktivitäten als
  auch Commitment auch unter Belastung aufrechterhalten zu können (sowohl
  im Training als auch im Wettkampf)
• nach unerwarteten bzw. unkontrollierbaren (wettkampfspezifischen) Ereignissen die mentale Kontrolle wiedererlangen zu können

Nach Jones und Kollegen bedeutet mentale Stärke, einen angeborenen oder
entwickelten Vorteil zu haben, der es ermöglicht,

• die vielen Anforderungen, die der Sport stellt (Wettkampf, Training, Alltag),
  effektiver als die GegnerInnen zu bewältigen,

---

zu antizipieren. Dabei wird die Vorhersage nicht um ihrer selbst willen getroffen, sondern mit
dem Ziel, so die zukünftige Realität besser abbilden zu können. Insofern positioniert sich der
Mensch zukunftsorientiert, was es ihm ermöglicht, sich weiterzuentwickeln.

- im konkreten Fall konstanter und besser als die GegnerInnen zu sein, indem man auch unter Druck entschlossen, konzentriert, selbstbewusst und kontrolliert bleibt.

Wie bereits angedeutet sind Jones und Kollegen der Auffassung, dass SportlerInnen mentale Stärke, die sie in die sportlichen Aktivitäten einbringen, angeboren ist und/oder sich im Laufe der Zeit entwickeln kann. Darüber hinaus hänge das Niveau mentaler Stärke nicht nur von der Verfügbarkeit bestimmter Ressourcen ab, sondern auch von den Leistungen der WettbewerberInnen (beispielsweise im Ansporn, die Anforderungen des Sports effizienter zu bewältigen als die GegnerInnen). Somit hebt diese Definition eine wichtige Komponente hervor, die sich auf den Erfolg bezieht (beispielsweise der/die Beste sein zu wollen).

Nach dem Erscheinen der Forschungsergebnisse haben diese viel Bestätigung erfahren (siehe u. a. Bull et al. 2005; Gucciardi et al. 2008; Middleton et al. 2011). Ähnlich wie Jones und Kollegen definieren auch sie mentale Stärke über das, was sie ermöglicht (beispielsweise Leistung zu erbringen und erfolgreich zu werden). Ein kleiner Unterschied besteht nach meiner Empfindung allerdings darin, dass die Genannten den Vergleich mit anderen als Kriterium vernachlässigen, um den Begriff der Leistung auf das Erreichen persönlicher Ziele auszuweiten. So gesehen muss ein/e SportlerIn nicht unbedingt gewinnen oder besser sein als die WettbewerberInnen, sondern er/sie muss eigene Ziele konstant erreichen. Insofern kann eine Person dann als mental stark bezeichnet werden, wenn sie in der Lage ist, ihre Ziele zu erreichen, vor allem dann, wenn sie einer Stresssituation ausgesetzt ist. Somit sind es die spezifischen Ziele und vor allem deren Erreichung, die die notwendigen Informationen liefern, um Rückschlüsse auf das Mentale-Stärke-Niveau des Einzelnen zuzulassen (siehe u. a. Gucciardi 2017).

Die Forschungen von Jones und Kollegen inspirierten Cory Middleton und Kollegen (2011; siehe auch Regös 2018) zur Entwicklung eines Modells mentaler Stärke (Abb. 3.2), das zwischen der Eigenschaft und der Handlungstendenz unterscheidet bzw. zwischen der Orientierung und den Strategien. Dabei basieren Strategien und konkrete Verhaltensweisen auf der generellen Orientierung und den Kognitionen und zeigen sich in individuellen Handlungstendenzen.

3.2.3 Das Verhaltensmodell von Lew Hardy

Lew Hardy und Kollegen (2013; siehe auch Arthur et al. 2015; Madrigal 2020) konzentrierten sich auf Verhaltens- und Handlungsweisen, die aus einem hohen Niveau mentaler Stärke resultieren, anstatt sich mit dem Identifizieren und

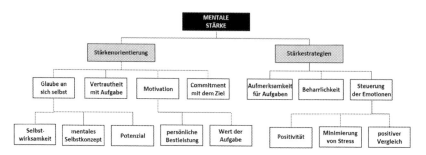

Abb. 3.2 Strategien und konkrete Verhaltensweisen im Kontext mentaler Stärke

Beschreiben persönlicher Ressourcen zu beschäftigen. Sie argumentierten, dass der Ausgangspunkt von Analysen eine Verhaltensbewertung sein müsse, bevor der Fokus auf verschiedene, in der Regel nicht beobachtbare persönliche Ressourcen gelegt wird. Aus dieser verhaltensorientierten Perspektive definierten sie mentale Stärke als die Fähigkeit, persönliche Ziele unter dem Druck verschiedener Stressoren zu erreichen. Mit anderen Worten: Mentale Stärke stellt die Fähigkeit eines Menschen dar, in einer schwierigen Situation ein hohes Maß an persönlicher Leistung aufrechtzuerhalten. Ausgehend von diesem Verständnis mentaler Stärke entwickelten sie das Mental Toughness Inventory (MTI), bei dem das Leistungsniveau anhand des Erreichens persönlicher Ziele gemessen wird. Die zu beobachtenden resp. zu beurteilenden Kriterien ergeben demnach sich aus acht Kriterien:

Person X ist in der Lage, in Wettbewerbssituationen ein hohes persönliches Leistungsniveau zu halten, wenn …

… andere sich auf ihre Leistung verlassen;

… die Bedingungen schwierig sind;

… sie den ganzen Tag über eine hohe Leistung erbringen muss;

… es ein sehr wichtiges Spiel in der Saison ist;

… der Wettbewerb besonders eng ist;

… der Gegner eine aggressive Taktik anwendet;

… eine große Anzahl von Zuschauern anwesend ist,

… die Vorbereitung nicht nach Plan verlaufen ist.

Die Studien, die in den Sportwissenschaften zur Entwicklung dieser Kriterien führten, konzentrierten sich auf die Bewertung individueller Unterschiede in der Fähigkeit zur Aufrechterhaltung oder Verbesserung der Leistung unter dem Druck eines breiten Spektrums von Stressfaktoren. BeobachterInnen berichten, dass der höchste Grad an mentaler Stärke dann auftritt, wenn die Beobachteten sensibel für negative Konsequenzen sind. Solche SportlerInnen neigen nach Ansicht der Autoren dazu, bedrohliche Reize frühzeitig zu erkennen, was ihnen die bestmögliche Gelegenheit gibt, schon frühzeitig eine wirksame Reaktion auf die Konsequenzen (bspw. eine potenzielle Bestrafung) vorzubereiten. Denn dann haben sie die besten Voraussetzungen, eine zielgerichtete Taktik aufrechtzuerhalten – selbst unter Druck.

3.3 Mentale Stärke im Beruf

3.3.1 Das Modell von Daniel Gucciardi

Daniel Gucciardi und Kollegen (2015) führten eine Reihe von Studien in verschiedenen Kontexten durch, zu denen neben den bereits angeführten Studien im Sport auch solche im Kontext von Arbeit (siehe ergänzend Williams 2013) sowie von Bildung und Militär (siehe ergänzend Calum et al. 2015; McNab 2016; Mayer und Skimmyhorn 2017) gehörten. Sie bezogen sich in ihren Darstellungen im Wesentlichen auf unveröffentlichte Forschungsergebnisse sowie Interviews aus nicht-sportlichen Kontexten (Militär, Medizin, Industrie, Hochschule etc.). Im Gegensatz zu Clough et al. (2002) und mehr in der Tradition von Jones et al. (2002, 2007) konzeptualisierten Gucciardi et al. (2015) mentale Stärke als einen Zustand, der variieren kann. Sie stellten fest, dass mentale Stärke

- aus einer Ansammlung mehrerer persönlicher Ressourcen (Gucciardi et al. nennen diese „resource caravan") besteht, die Menschen gemeinsam sind, die gleiche soziale und Umweltbedingungen (bspw. biologische und/oder kulturelle; siehe vertiefend Hobfoll 2002) teilen;
- ein psychologisches Phänomen ist, das sich in Verhalten oder Handlungen zeigt;
- in einem Kontinuum dargestellt werden kann, in dem Individuen mehr oder weniger mental stark sein können, anstatt nur entweder–oder mental stark oder nicht stark. Ihre Sicht mentaler Stärke ist daher stark von der Theorie der Ressourcenerhaltung beeinflusst, nach der ein höheres Niveau einer persönlichen Ressource mit einem höheren Niveau anderer Ressourcen einhergeht (siehe auch Hobfoll 1989). So kann beispielsweise ein ausgeprägtes Selbstvertrauen mit einem hohen Maß an Motivation und Optimismus einhergehen.
- In Anlehnung an die Stresstheorien (siehe vertiefend Heinrichs et al. 2015; Cooper und Quick 2017) können die Schlüsselressourcen der mentalen Stärke

bei Belastungen, die eine erhebliche Bedrohung für das Leistungsniveau und das kontinuierliche Hinarbeiten auf die Ziele darstellen, hilfreich sein. Sie können sowohl aus dem alltäglichen Leben (bspw. alltäglicher Druck, Aufrechterhaltung sozialer Beziehungen) als auch aus einschneidenden Ereignissen (wie bspw. schweren Krankheiten) stammen.

Die Autoren definierten mentale Stärke anhand dessen, was sie zu erreichen vermag – d. h. als die Fähigkeit, konstant ein hohes Maß an subjektiver Leistung zu erbringen, und zwar unabhängig von Herausforderungen, alltäglichem Stress oder Widrigkeiten. In ihren Studien identifizierten sie sieben persönliche Ressourcen, aus denen sich mentale Stärke zusammensetzt:

• generalisierte Selbstwirksamkeit
• Elan
• Erfolgsmentalität
• optimistischer Stil
• Kontextwissen
• Emotionsregulation
• Aufmerksamkeitsregulierung

Bei ihrer Auswahl legten sie zwei Hauptkriterien zugrunde:

• mentale Stärke soll eine persönliche Ressource sein, die mit der subjektiven oder objektiven Leistung in mindestens zwei unterschiedlichen stressbelasteten Leistungskontexten auf positive Art und Weise verbunden ist;
• mentale Stärke soll sowohl Kognition als auch Emotionen und Verhaltensweisen umfassen.

Auf der Grundlage ihres Modells[9] entwickelten Gucciardi und KollegInnen (2015) den Mental Toughness Index, der sieben Faktoren umfasst:

• Selbstwirksamkeit: der Glaube an die Fähigkeit, im jeweiligen Leistungskontext erfolgreich zu sein

---

[9] Die Autoren stellen von Beginn an fest, dass die in ihrem Modell berücksichtigten persönlichen Ressourcen bestehenden Konzepten ähneln, die in der Regel von etablierten psychologischen Theorien gestützt werden.

- Antrieb: die Bereitschaft, die erforderlichen Fähigkeiten und Prozesse als Reaktion auf die Herausforderungen und den Druck des täglichen Lebens effektiv auszuführen
- Erfolgsmentalität: der Wunsch, Erfolg zu haben, und die Fähigkeit, nach diesem Motiv zu handeln
- Optimismus: eine zuversichtliche Grundhaltung, die durch eine positive Erwartungshaltung angesichts einer Sache gekennzeichnet ist; die Tendenz, in Ereignissen und ihren Konsequenzen vor allem das Positive zu sehen
- Kontextwissen: Bewusstsein und Verständnis für den Leistungskontext – und die Anwendung von Wissen, um Erfolg zu haben oder die eigenen Ziele zu erreichen
- Emotionsregulierung: das Bewusstsein und die Fähigkeit, emotional relevante Prozesse zu nutzen, die eine optimale Leistung und eine Zielerreichung ermöglichen
- Aufmerksamkeitsregulation: die Fähigkeit, sich auf das zu konzentrieren, was wichtig ist – und irrelevante Informationen ignorieren

Im Kontext unseres Themas sind vor allem zwei Erkenntnisse aus dieser Forschung von Interesse, die Hinweise auf den Zusammenhang von mentaler Stärke mit Leistung und deren Stabilität (d. h. Zustand vs. Merkmal) in drei verschiedenen Kontexten (Arbeitskontext – Bildung und Lernen – militärischer Kontext) geben. Grundsätzlich lässt sich hier feststellen, dass mentale Stärke einen Einfluss darauf hat, wie Menschen, egal ob Arbeitnehmer oder Lernende, anstehende Anforderungen bzw. Herausforderungen wahrnehmen und angehen. Menschen mit höheren Mentale-Stärke-Werten sehen die An- und Herausforderungen einer bestimmten Situation[10] wahrscheinlich vorrangig als wichtiger an als die Ressourcen, die ihnen dafür zur Verfügung stehen. Indem sie letzteren zunächst weniger Bedeutung beimessen als den von ihnen selbst beeinflussbaren Faktoren, führt dies grundsätzlich zu einem höheren Leistungsniveau (beispielsweise durch den Drang, die persönliche Verantwortung für das eigene Handeln in der Position wahrzunehmen und die damit einhergehenden Aufgaben zu meistern).

---

[10] Wie bereits an anderer Stelle angesprochen, sei an dieser Stelle der Vollständigkeit halber angemerkt, dass mentale Stärke kein stabiles Persönlichkeitsmerkmal ist, sondern durch die jeweilige Situation und das Umfeld beeinflusst wird. Dabei ist die Variabilität der mentalen Stärke zwischen verschiedenen Situationen größer ist als zwischen verschiedenen Individuen – das heißt, dass das Mentale-Stärke-Niveau bei ein und derselben Person von einer Situation zur anderen stärker schwankt als von einer Person zur anderen (Gucciardi et al. 2015).

Im Arbeitskontext lässt sich mentale Stärke als ein Set von kognitiven Fähigkeiten, Werten und Überzeugungen charakterisieren, das es Berufstätigen ermöglicht, den Stress und die Erwartungen an ihre Arbeit in einer emotional ausgeglichenen und kontrollierten Art und Weise zu bewältigen und gleichzeitig eine positive Wirkung auf andere zu erzielen. Ausgehend von den Ergebnissen von Daniel Gucciardi und Kollegen (2008) validiert Elliott Williams (Williams 2013) in seinen Studien die Charakteristika mentaler Stärke im beruflichen Kontext wie folgt[11]:

- Resilienz
  die Fähigkeit, sich von einer Enttäuschung oder einem widrigen resp. unerwarteten Ereignis zu erholen und daraus zu lernen. Das beinhaltet, auch dann weiterzumachen, wenn andere aufgeben würden sowie Kritik nicht negativ zu nehmen, sondern als eine Möglichkeit zu sehen, daraus zu lernen.
- Selbstüberzeugung
  Selbstvertrauen in die eigene Fähigkeit, die erforderliche Leistung auch unter Druck zu erbringen. Dazu gehört, sich selbst und die eigenen fachlichen, methodischen und kognitiven Fähigkeiten genau zu kennen sowie die Zuversicht, grundsätzlich jede Herausforderung bewältigen zu können.
- Fähigkeit, mit Druck umzugehen
  in der Lage sein, Kompetenzen, Fähigkeiten und Erfahrungen auch unter Druck und Stress einzusetzen. Das erfordert u. a., solche Herausforderungen anzunehmen und dabei sowohl das große Ganze im Blick zu behalten als auch die Details zu sehen.
- Konzentration und Fokus
  zielstrebig und fokussiert in Bezug auf die anstehende Aufgabe. Was vor allem erfordert, sich nicht durch internen oder externen Druck ablenken lassen und sich auch bei Störungen weiterhin voll auf das Ziel, die Aufgaben und die Arbeit konzentrieren zu können.
- Hartnäckigkeit
  eine unerschütterliche Haltung, die auf Erfolg ausgerichtet ist. Dafür bedarf es Disziplin, Commitment, positives Denken und Professionalität im Denken,

---

[11] Im Gegensatz zu den Studien zur sportlichen mentalen Stärke hat Williams in seinen Studien deutlich mehr Untermerkmale in Bezug auf mentale Stärke im beruflichen Kontext ermittelt. Auch ist der Stellenwert einzelner Merkmale zwischen Beruf und Sport vielfach deutlich unterschiedlich. Letzteres weist darauf hin, dass eine unreflektierte Übernahme von „Lessons learned" vom einen Kontext in den anderen nicht immer die beabsichtigte Wirkung haben muss.

Verhalten und Handeln; hinzu kommen Konfliktfähigkeit, Mut, Durchsetzungs-fähigkeit bei Entscheidungen sowie Kompromissbereitschaft, wenn nötig.

- Emotionale Intelligenz
sich der eigenen Emotionen bewusst sein und sie verstehen, auch wenn man selbst unter Druck steht. Dafür muss man in der Lage sein, die eigenen Emotionen so zu steuern, dass sie sich nicht negativ auf die eigene Arbeit oder die anderer auswirken.

- Selbstmotivierung
intrinsisch motiviert sein, entweder individuell oder als Teil eines Teams erfolgreich zu sein. Unterstützt wird dies durch die Freude an besonderen Herausforderungen, Klarheit im Denken und ein gewisses Maß an Intuition, Herausforderungen als Chance zu sehen und zum eigenen oder kollektiven Vorteil zu nutzen.

- Arbeitsmoral
Bereitschaft, konzentriert zu arbeiten und die Entschlossenheit, mental anspruchsvolle Situationen zu meistern, um Ziele und Visionen zu erreichen. Dafür braucht es Offenheit und die Bereitschaft, neue Herausforderungen anzunehmen und kalkulierte Risiken einzugehen; eine Inspiration für andere sein.

- Persönliche Werte
großen Wert auf persönliche Werte legen, um ein besserer Mensch wie auch ein/e bessere/r Kollege/Kollegin zu werden. Unterstützend wirken Verantwortungsbewusstsein, Stolz auf die eigene Arbeit, Ehrlichkeit, Bescheidenheit, Respekt sowie eine angemessene Rücksichtnahme auf andere (Achtsamkeit).

- Fähigkeit, andere zu führen
unter- bzw. zugeordneten Menschen führen und sie dazu zu bringen, das zu tun, was man von ihnen (berechtigterweise) erwartet. Dazu gehört insbesondere, die Ansichten, Ideen und Meinungen anderer einzubeziehen, bevor man eine Entscheidung trifft.

- Professionelle Kenntnisse
dazu gehört nicht nur funktionale Professionalität, sondern auch die Fähigkeit, das berufliche Umfeld und die relevanten sozialen und geschäftlichen Interaktionen zu verstehen sowie die eigene Rolle zu kennen und in den Gesamtzusammenhang einzuordnen.

3.3.2 Mentale Stärke im Kontext von Verteidigung und Sicherheit

Es ist für Sie, liebe LeserInnen, wahrscheinlich nicht überraschend, dass Sport und Militär viele Gemeinsamkeiten haben. Die meisten olympischen Sportarten haben sich aus grundlegenden militärischen Aufgaben entwickelt; denn die Disziplinen der olympischen Spiele der Antike wurden nach den Fähigkeiten des idealen Soldaten der damaligen Zeit modelliert. In der modernen Ära der Olympischen Spiele finden sich einige der grundlegenden Aspekte militärischen Handelns immer noch in Sportwettbewerben – wie Treffsicherheit (Gewehr, Pistole, Bogenschießen), das Überwinden von Hindernissen (Stabhochsprung, Hochsprung, Hindernislauf), Orientierung resp. Navigation (Sportklettern, Segeln) und Nahkampf (Boxen, Karate, Judo etc.). Auch der moderne Fünfkampf bietet sich als Beispiel an[12], denn er besteht aus Springreiten, Pistolenschießen, Schwimmen, Fechten und einem Cross-Country-Lauf. Ähnlichkeiten können wir auch zwischen Mannschaftssportarten wie Rugby und American Football und den Kampfeinsätzen kleiner Einheiten feststellen. Diese beinhalten auch die Notwendigkeit für den Einzelnen, in einem komplexen und dynamischen Umfeld Leistung zu erbringen, eine Kombination aus Wahrnehmungs-, kognitiven und motorischen Fähigkeiten einzusetzen, sich einen taktischen Vorteil gegenüber dem Gegner zu verschaffen, auf der Grundlage partieller oder unvollständiger Informationen zu handeln, die sich im Laufe der Zeit verändern, unter stressigen Bedingungen zu agieren und sowohl unabhängig als auch im Team effektiv zu arbeiten.

Vor allem im US-amerikanischen Heer wurde der Nutzen des sogenannten Mental Skills Trainings (MST) für SoldatInnen recht früh erkannt.[13] Die diesbezügliche Ausbildung (Abb. 3.3) umfasst folgende Aspekte (Hammermeister et al. 2011; Adler et al. 2015):

- Grundlagen mentaler Fähigkeiten
- Vertrauensbildung

---

[12] Pierre de Coubertin (der Begründer der modernen Olympischen Spiele) schuf den Modernen Fünfkampf, um die Fähigkeiten eines Kavalleriesoldaten des 19. Jahrhunderts zu simulieren: der/die FünfkämpferIn muss in ihm/ihr zugelostes Pferd reiten, Degenfechten, mit einer Pistole schießen, schwimmen und laufen.

[13] Das Center for Enhanced Performance (CEP) wurde 1993 an der United States Military Academy (USMA) in West Point, New York, durch die Zusammenlegung des 1989 gegründeten „Performance Enhancement Center" und des in den 1940er Jahren geschaffenen „Reading and Study Skills Program" gegründet.

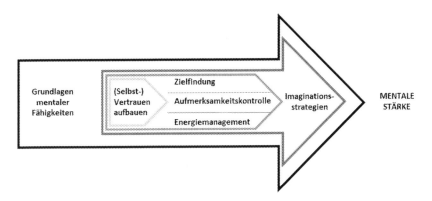

Abb. 3.3 Struktur des Mental-Skills-Trainings der US-amerikanischen Streitkräfte

- Zielformulierung und -setzung
- Aufmerksamkeitskontrolle
- Energiemanagement
- Vorstellungskraft und Fantasie

Grundlagen mentaler Fähigkeiten bilden das Fundament, auf dem die anderen mentalen Fähigkeiten aufbauen. Diese Komponente beinhaltet die Qualifizierung und Quantifizierung von (Spitzen-)Leistungen des Einzelnen und/oder der Einheit, das Verständnis für Voraussetzungen sowie die Merkmale von Spitzenleistungen, die Wechselbeziehung zwischen Training und einer von Vertrauen geprägten Einstellung sowie die Identifizierung der Beziehung zwischen Gedanken, Emotionen, physiologischen Zuständen und Leistung.

(**Selbst-)Vertrauen** wird als eine entscheidende Leistungseigenschaft angesehen. Daher zielt das Training darauf ab, dem/r Einzelnen deutlich zu machen, dass Selbstvertrauen ein Ergebnis der Art und Weise ist, wie man denkt, worauf man sich konzentriert und wie man auf die Ereignisse im Leben reagiert. Insbesondere die Vorstellung, dass ein selbstbewusster Soldat geistig beweglicher ist und angesichts von Widrigkeiten und Druck bessere Entscheidungen trifft, wird als Vorteil herausgestellt.

Der **Zielfindungsprozess** beginnt mit der Definition der Grundwerte, die für die Bestimmung von Ziel und Richtung im eigenen Leben entscheidend sind. Diese bilden die Grundlage, auf der die SoldatInnen Ziele formulieren und festlegen können, die für sie persönlich und beruflich bedeutsam sind. Dies bildet

die Basis für die Entwicklung konkreter Schritte, um erfolgreich zu werden
bzw. zu sein. Daraus entsteht (idealerweise) ein persönlicher Aktionsplan, der
ein hohes Maß an Engagement seitens des Einzelnen erfordert. Sobald ein Ziel
festgelegt ist, durchläuft der Einzelne den Prozess der Festlegung von Prioritäten,
Aktionen und Glaubenssätzen. Dabei sind die Einstellungen, Überzeugungen und
Verhaltensweisen einer Person entscheidend für das Setzen von Prioritäten, die
direkt zu den übergeordneten Zielen beitragen. Durch diesen Prozess wird der
Einzelne im Streben nach und im Erreichen von Spitzenleistungen unterstützt.
Gleichzeitig wird eine Kultur gefördert, die weit über allgemeine Normen und
Mindeststandards hinausgeht.

Aufmerksamkeitssteuerung hat zum Ziel, diejenigen individuellen Fähigkeiten weiterzuentwickeln, die notwendig sind, um zu erkennen, was wichtig ist.
Gleichzeitig gilt es, ein höheres Bewusstsein für die wichtigste Aufgabe zu entwickeln, die zu einem bestimmten Zeitpunkt besondere Aufmerksamkeit verdient.
Die Verbesserung der Aufmerksamkeitskontrolle ist darüber hinaus ein Schlüs-
selfaktor der Fähigkeit, seine Aufmerksamkeit situativ angemessen und rasch zu
verlagern (mentale Beweglichkeit).

Das **Energiemanagement** unterstützt Menschen dabei, ein hohes Maß an persönlicher Energie aufzubauen, aufrechtzuerhalten und wiederherzustellen sowie
gleichzeitig die negativen Auswirkungen von Stress zu minimieren. Der/die Einzelne wird so in die Lage versetzt, psychophysiologische Reaktionen[14] unter
Druck selbst zu regulieren, indem er/sie lernt, Erfahrungen, Gedanken und
Emotionen effektiv zu verarbeiten, was für die Entwicklung von Disziplin
entscheidend ist.

Durch den Einsatz gezielter **Imaginationsstrategien** lernen die SoldatInnen,
all ihre Sinne zu nutzen, um eine mental inspirierende, kraftvolle und lebendige
Erfahrung zu erzeugen oder sich auf eine solche Erfahrung rückzubesinnen. Praktische Imaginationstechniken werden eingesetzt, um alle Aspekte der Leistung zu
verbessern, sowohl im Training als auch bei der Vorbereitung, Durchführung und
Erholung.

Integriert werden diese Aspekte mentaler Stärke in einen 6-stufigen Prozess:

- Ziele definieren
- aktuellen Status bewerten
- kurzfristige Ziele festlegen, um die langfristigen Ziele zu erreichen

---

[14] Psychophysiologie thematisiert die Beziehungen zwischen psychischen Vorgängen und
den zugrundeliegenden physischen Funktionen. Sie beschreibt, wie Emotionen, Bewusst-
seinsänderungen und Verhaltensweisen mit Hirntätigkeit, Kreislauf, Atmung, Motorik und
Hormonausschüttung zusammenhängen (Schandry 1998).

- Aktionsplan entwickeln
- Commitment generieren
- Fortschritte überwachen und, wenn nötig, das bisher Erreichte neu bewerten

Auswertungen zu auf diesem Vorgehen basierenden Ergebnissen zeigen, dass die objektive Leistung – beispielsweise in einem Test (Erfolg vs. Misserfolg) oder bei der Erreichung von (Ausbildungs-)Zielen – bei SoldatInnen mit höheren mentale Stärke-Werten signifikant besser ist.

3.3.3 Mentale Stärke im Kontext von Lernen und Bildung

Im Bildungskontext deuten die Ergebnisse der Studien darauf hin, dass sich mentale Stärke beispielsweise bei Studierenden positiv auf den Fortschritt im Lernprozess, bei der Erreichung von Lern- und sozialen Zielen sowie in Bezug auf eine bessere mentale Fitness (insbesondere in Bezug auf die Präsenz positiver bzw. die Abwesenheit negativer Emotionen) auswirkt. Ein Praxisbeispiel ist das von Wolfgang Knörzer und Kollegen entwickelte Heidelberger Kompetenztraining (HKT) für mentale Stärke (Knörzer et al. 2011; siehe auch Knörzer et al. 2019). Die vier Teilschritte im Training wie auch in der individuellen Anwendung sind:

- Ziele nach Zielkriterien exakt formulieren, um die Zielerreichung mental erleben zu können,
- die Zugangswege zur Konzentration kennen und sich konzentrieren können,
- die eigenen Stärken kennen und diese bewusst aktivieren können,
- Lösungsstrategien für mögliche Störungen formulieren und Möglichkeiten der mentalen Abschirmung anwenden können.

Zentrales Ziel des Trainings ist, Lernende – wenn es darauf ankommt – in die Lage zu versetzen, bereit zu sein, ihr Potenzial in Prüfungen, Referaten, Auftritten und vergleichbaren Anlässen ausschöpfen zu können und erfolgreich zu sein (Outcome-Orientierung). Das HKT befähigt also dazu, herausfordernde Situationen ressourcenorientiert zu lösen.

Mentale Stärke – ein Modell in der Praxis 4

Modelle[1] helfen uns, die Unterschiede und die Gemeinsamkeiten der Menschen einer Organisation zu erfassen. Im Zentrum des Modells steht die mentale Stärke, um die herum die einflussnehmenden Faktoren in verschiedenen Clustern positioniert werden (siehe Abb. 4.1). Im Modell ist kein Cluster wichtiger als der andere. Eindeutige Prioritäten gibt es nicht – das ist die Maxime des Modells. Sie repräsentiert einen ganzheitlichen Ansatz und eine wertschätzende Kultur mentaler Stärke, die gegenüber allen Themen offen ist.

Wenn wir einen Blick auf die Forschung (siehe Kap. 2) werfen, findet sich eigentlich jede positive Eigenschaft als mentale Stärke bezeichnet: der konstruktive Umgang mit Niederlagen, Selbstsicherheit, Entschlossenheit, Durchhaltevermögen usw. Nach meinem Verständnis – das sich vor allem in der Erfahrung in und mit diversen Unternehmen und Institutionen entwickelt und gefestigt hat – entsteht mentale Stärke aus Aspekten, die sich folgenden Qualitäten zuordnen lassen: Vertrauen in das System, professionelles Selbstverständnis, Persönlichkeitsbildung, Resilienz, Agilität und Vitalität.

---

[1] Ein Modell ist ein vereinfachtes Abbild unserer Wirklichkeit. Mit der Erstellung abstrahieren wir von einer meist (zu) komplexen Realität, um sie vollständig abbilden zu können. Wobei Vollständigkeit auch nicht beabsichtigt ist; vielmehr werden die wesentlichen Faktoren dargestellt, die für den realen Kontext und seine Prozesse von Bedeutung sind.

E. R. Unkrig, *Mentale Stärke im Beruf,* essentials, https://doi.org/10.1007/978-3-658-39173-7_4

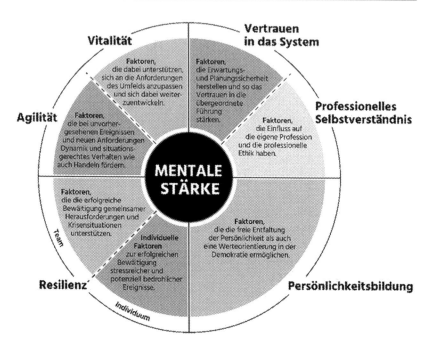

Abb. 4.1 Faktoren mentaler Stärke im Beruf – Grundkonzept (Unkrig 2022)

4.1   Vertrauen in das System als Handlungsfeld mentaler Stärke

Vertrauen in das System (Gesellschaft, Politik, Institutionen, Unternehmen etc.) war schon immer ein Thema. In der aktuellen Situation bekommt es eine besondere Relevanz: Vertrauen in die Fähigkeiten der Mitarbeitenden, Vertrauen in das Engagement der KollegInnen, Vertrauen in die Entscheidungskompetenz der EntscheiderInnen auf allen Ebenen, Vertrauen in die Rahmenbedingungen, Vertrauen in die Beweglichkeit der Institutionen etc. Niklas Luhmann (2014) nennt dies zusammenfassend „Systemvertrauen" (= das Vertrauen in soziale Systeme) und stellt dazu fest, dass man keine Lernzeit, keine Anwärmzeit brauche und erst einmal vertraue. Vertrauen ist damit ein wichtiger Erfolgsfaktor. Zieht man das geschenkte Vertrauen dann evtl. wieder zurück, wird der dadurch entstehende Mangel ein idealer Nährboden für Ängste, Misstrauen, Gerüchte, alternative

Fakten, Verschwörungstheorien etc. und führt in der Konsequenz zu schwacher Performanz von Einzelnen, Teams, Organisationen, Institutionen und im schlimmsten Fall der Gesellschaft als ganzer (siehe ergänzend Menke 2005). Um Vertrauen in ein System zu generieren bzw. es zu erhalten, bedarf es einiger weniger, aber durchaus komplexer Aktivitäten:

- Definition und zielgruppengerechter Kommunikation des (Wert-)Beitrags, den das System für die internen und externen Stakeholder leistet
- Schaffung eines organisationalen wie auch individuellen (Selbst-)Bewusstseins für das, was das System ausmacht und was es von alternativen Systemen positiv unterscheidet
- Akzeptanz der Stärken und der Verbesserungsmöglichkeiten des Systems und kontinuierliche Reflexion, konstruktives Feedback sowie das Vordenken und Testen von Handlungsoptionen zur Weiterentwicklung
- Ziele setzen und Maßnahmen implementieren, die die Veränderungen im jeweiligen Umfeld bei der Weiterentwicklung des Wertegefüges und des Selbstverständnisses des Systems berücksichtigen, um bestimmte Eigenschaften zu verbessern

Vertrauen in das System meint nicht nur das Vertrauen in die Führung, sondern vor allem in das, was uns in allen Situationen eine belastbare Legitimation (die Rechtfertigung für unser Handeln bzw. dessen Ergebnisse) und Rechtssicherheit (der Anspruch auf Klarheit, Beständigkeit, Vorhersehbarkeit und Gewährleistung von Rechtsnormen inklusive der daraus abgeleiteten Rechte) gibt und uns den Rücken stärkt. Gleichzeitig müssen wir darauf vertrauen können, dass uns je nach Aufgabe und Auftrag stets die notwendigen Ressourcen zur Verfügung stehen – ohne Wenn und Aber.

4.2 Professionelles Selbstverständnis als Handlungsfeld mentaler Stärke

Grundsätzlich beruht ein professionelles Selbstverständnis auf Werten und Normen. Diese sorgen für Klarheit und Orientierung im Handeln und bestimmen unser Selbstbild. Dabei geht es nicht nur um Pflichtbewusstsein, Kollegialität und Loyalität, sondern auch um Wertschätzung, Gerechtigkeit, Fairness und Vielfalt.

Gängige Beschreibungen[2] sind dabei deutlich technokratischer. Beispielsweise stellen Rosemarie Karges und Ilse Lehner (2005) fest, dass unter beruflicher Identität das Zugehörigkeitsgefühl zu einer bestimmten Fachdisziplin verstanden werden kann. Dies beinhaltet die Kenntnis der berufseigenen Fähigkeiten, die damit verbundenen Fertigkeiten zur Umsetzung sowie die Reflexionsfähigkeit der eigenen Profession. Daraus entsteht die Fähigkeit, in einer komplexen, von Heterogenität geprägten Praxis und unter Unsicherheit fundiert und lösungsorientiert handeln zu können (siehe vertiefend Heiner 2004). Hinzu kommen die Selbst- und die Fremdzuschreibung als elementare Grundvoraussetzungen für die Entstehung eines professionellen Selbstverständnisses. Beide führen zu einer eindeutigen Abgrenzung zu anderen Berufen. Diese Identifikation wird mit der Dauer der Zugehörigkeit zu einer Berufsgruppe immer weiter verstärkt, weiterentwickelt und nach außen dargestellt und vertreten.

Das Verständnis der eigenen Profession ist ohne Berücksichtigung der Vergangenheit (Wo kommen wir her?), der Gegenwart (Wo stehen wir?) und der Zukunft (Wohin wollen wir uns entwickeln?) vermutlich nicht denkbar. Dafür braucht es vor allem das Wissen, nach welchen Prinzipien und Überzeugungen gehandelt wird, was der Nutzen oder die „Existenzberechtigung" des Berufes ist und was die grundsätzlichen Ziele und Ergebnisse sind, nach welchen das eigene Handeln ausgerichtet wird.

4.3   Persönlichkeitsbildung als Handlungsfeld mentaler Stärke

Persönlichkeit ist die Gesamtheit unserer charakterlichen bzw. individuellen Eigenschaften – oder wie das Lexikon der Psychologie (Dorsch) definiert: „die Gesamtheit aller überdauernden individuellen Besonderheiten im Erleben und Verhalten eines Menschen". Für unser Thema ist es wesentlich, zwischen Persönlichkeitsentwicklung und -bildung zu unterscheiden, weil beide Begriffe oft synonym verwendet werden.

„Entwicklung" ist im Allgemeinen ein Prozess der Entstehung und Veränderung mit drei Phasen: Wachstum, Reifung und Lernen. Dementsprechend beruht Persönlichkeitsentwicklung vor allem auf Selbsterkenntnis, Selbstakzeptanz und Selbstveränderung. Hingegen beinhaltet „Bildung" die Förderung von Eigenständigkeit und Selbstbestimmung, die durch die gedankliche Auseinandersetzung

---

[2] Interessanterweise bemühen sich vor allem SozialwissenschaftlerInnen um eine Beschreibung dessen, was professionelles Selbstverständnis (in sozialen Berufen) bedeutet.

mit unserem Umfeld entsteht. Persönlichkeitsbildung konzentriert sich insofern vor allem auf das Bewusstsein für etwas, auf Urteils- und Entscheidungs- sowie Handlungs- und Verantwortungsfähigkeit.

Aspekte der Persönlichkeitsbildung sorgen für einen belastbaren Rahmen und geben Orientierung in unserem gesellschaftlichen System, der Demokratie. Persönlichkeitsentwicklung und -bildung heißt insofern vor allem zweierlei: 1) innere Festigkeit entwickeln und 2) fit werden und fit sein für das Leben in unserer Gesellschaft. Dazu gehören gleichermaßen ethische, interkulturelle, historische und politische Grundlagen wie auch rechtliche sowie gesellschaftliche Spielregeln.

- Historische Bildung fördert das Erlernen der Fähigkeit, sich zu erinnern, Geschehenes zu reflektieren, das Hier und Jetzt zu bewerten und die Zukunft nicht einfach geschehen zu lassen.
- Unter politischer Bildung verstehen wir in Deutschland die Vermittlung der Prinzipien von Demokratie, Toleranz und Kritikfähigkeit sowie die Befähigung zu aktiver Partizipation am politischen Geschehen unseres Landes.
- Ethik ist das Nachdenken über das menschliche Urteilen und Handeln unter der Perspektive von Richtig und Falsch und von Gut und Böse. Ethische Bildung fördert ein gemeinsames Wertefundament, gibt dem/der Einzelnen Halt und der Gemeinschaft Verlässlichkeit. Sie ist das Ergebnis einer prüfenden Auseinandersetzung mit Werten, moralischen Grundsätzen und handlungsleitenden Prinzipien.
- Interkulturelle Bildung fördert das Zusammenleben von Menschen unterschiedlicher Herkunft und regt dazu an, gemeinsam einen wertschätzenden Umgang mit Fremdheit/Andersartigkeit zu finden. Sie zeigt sich vor allem im Verständnis für unterschiedliche Perspektiven, dem Aushalten von Widersprüchen, Respekt vor anderen Menschen, dem Abbau von Vorurteilen, der Bereitschaft zur Integration, der Bewahrung der Eigenständigkeit und eigener Standpunkte.

Das mag sich für Sie, liebe Leser, im Kontext von mentaler Stärke auf den ersten Blick ungewöhnlich anhören. Vier aktuelle Beispiele zeigen jedoch die Relevanz, die diese Aspekte (auch) für Unternehmen haben:

1. Wegen Verstößen gegen die und Missachtung der Menschenrechte forderten Vereinsmitglieder des FC Bayern den Vorstand auf, das Qatar-Airways-Sponsoring zu beenden. Auch wenn seitens des Vereins die Meinung vertreten wurde, „Bayern München hat mit Qatar Airways eine Partnerschaft, und wir

haben gutes Geld aus diesem Vertrag bekommen" (so Karl-Heinz Rumme-
nigge – Quelle: Deutsche Welle vom 22.11.2021): Vereinsmitglieder sahen
das anders: „Wir können unsere Werte nicht vollständig auf dem Altar des
Erfolgs opfern. Wie wollen wir denn dann noch stolz sein auf unsere Erfolge,
wenn wir die mit so unlauteren Mitteln erreichen?" Mit dieser (unternehmens-)
ethischen Frage muss sich die Vereinsführung auseinandersetzen.

2. „Reichsbürger" und „Selbstverwalter" lehnen aus unterschiedlichen Motiven
    und mit unterschiedlichen Begründungen – unter anderem unter Berufung auf
    das historische Deutsche Reich, mit verschwörungstheoretischen Argumen-
    tationsmustern oder einem selbstdefinierten „Naturrecht" – die Existenz der
    Bundesrepublik Deutschland und ihr Rechtssystem ab, sprechen den demo-
    kratisch gewählten Repräsentanten die Legitimation ab oder definieren sich
    im Extremfall als außerhalb der Rechtsordnung stehend (siehe vertiefend
    ZInFü 2020). Hier ist sowohl historische wie auch politische Bildung gefragt.
    Denn: Mitarbeitende, die sich derart positionieren – wie auch externe „In-
    fluencer" –, gefährden durch entsprechendes Verhalten und Handeln nicht
    nur den Betriebsfrieden, das Miteinander und das Unternehmensimage am
    Arbeitsmarkt, sondern auch den wirtschaftlichen Erfolg und das Ansehen des
    Unternehmens bei den Marktpartnern, insbesondere den Kunden. Auch können
    dadurch potenzielle Fachkräfte sowie Investoren verschreckt werden.

3. Rassismus beginnt mit der Interpretation von Unterschieden. Zum ersten
    Mal in der Geschichte des deutschen Profifußballs wurde am 19.12.2021
    ein Spiel wegen rassistischer Beleidigungen eines farbigen Spielers seitens
    eines Zuschauers abgebrochen. Und eine überwältigende Mehrheit reagierte
    auf diese Konsequenz positiv. Hinzu kommt, dass Menschen zunehmend ein
    sehr ausgeprägtes Bewusstsein für die Nachteile rassistischer Vorfälle auf
    den Wirtschaftsstandort haben. Dabei ist nach einer Studie (Civey und EY
    2020) die Mehrheit der Bundesbürger (52 %) der Auffassung, dass sich deut-
    sche Unternehmen nicht genug für Werte wie Vielfalt und Respekt in der
    Gesellschaft einsetzen. Und rund 57 % der Beschäftigten glauben, dass sich
    rechtsextreme Vorkommnisse negativ auf den jeweiligen Wirtschaftsstandort
    auswirken können. Interkulturelle Bildung ist zur Vermeidung solcher Vor-
    fälle gefragt, beinhaltet sie doch vor allem, rassistische Zuschreibungen zu
    entschlüsseln und ihre Bedeutung im eigenen Denken, Verhalten und Handeln
    sowie die Konsequenzen im eigenen Umfeld, in der Organisation und in der
    Gesellschaft zu reflektieren.

4. Deutsche Unternehmen legen 2022 ihre Geschäftsbeziehungen mit Russland
    aufgrund der russischen Invasion in der Ukraine auf Eis. Damit versuchen

sie auf das radikal nationalistische, völkische, antiliberale und antidemokratische Handeln und die damit verbundenen Ziele des russischen Präsidenten Wladimir Putin Einfluss zu nehmen, um den russischen Angriffskrieg zu beenden.

4.4   Resilienz als Handlungsfeld mentaler Stärke

Schwierigkeiten und Probleme haben viele Gesichter und spielen sowohl auf der persönlichen als auch auf der Teamebene eine Rolle. Sie sind nicht nur unplanbar, sondern auch anstrengend – wir können jeden Tag damit konfrontiert werden. Darauf müssen wir mental vorbereitet sein, um nicht zu verzweifeln. Und dafür brauchen wir das passende Know-how, die richtigen Fähigkeiten, Handlungsoptionen und vor allem den Willen, trotz allem durchzuhalten. Der Schlüssel dazu ist Resilienz des Einzelnen und des Teams – also die Art und Weise, wie wir uns nach einem Misserfolg wieder aufrappeln, wie wir uns selbst unter schwierigsten Umständen anpassen oder gar neu erfinden; und wie wir nach schmerzvollen Erfahrungen wieder aufstehen und ggf. sogar stärker werden.

4.5   Agilität als Handlungsfeld mentaler Stärke

Agilität (siehe vertiefend Unkrig 2020 – Abb. 4.2) bedeutet, anders zu denken, eine andere Haltung und Einstellung zur eigenen Verantwortung und zur eigenen Tätigkeit zu gewinnen. Insofern bedarf sie agilen Denkens und agiler Kompetenzen.

Pragmatisch ausgedrückt heißt Agilität:

- Orientierung geben über den Sinn und Zweck der Aufgabe bzw. eines Auftrags, damit ein Spielfeld abgesteckt ist, in dem Einzelne und Teams eigenverantwortlich handeln können.
- Zuversicht vermitteln, damit jeder Einzelne einen bestmöglichen Beitrag leistet und das Team in der Lage ist, erfolgreich zu handeln, um das gemeinsame Ziel zu erreichen.
- Vertrauen schenken in die Kompetenzen der KollegInnen wie auch in die effektive Zusammenarbeit des Teams.
- Informationen und Wissen zur Verfügung stellen und sie nicht als Instrumente der Macht verstehen.

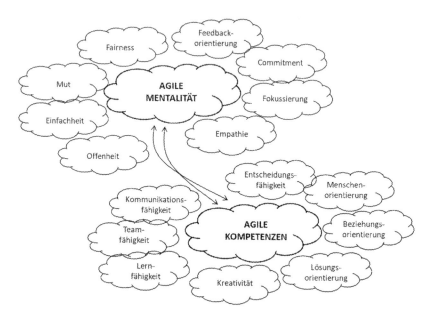

Abb. 4.2 Faktoren der Agilität

4.6   Vitalität als Handlungsfeld mentaler Stärke

Vitalität (siehe vertiefend Unkrig 2020) bezieht sich in unserem Kontext auf körperliche, mentale, emotionale und soziale Aspekte. Sie richtet unseren Fokus
darauf, dass wir uns nicht nur gesund fühlen, sondern auch entsprechend verhalten. Mit der Konsequenz, dass wir uns wahrscheinlich mit mehr Begeisterung,
Engagement und Effizienz in Aufgaben und Aufträge einbringen, dabei bessere Leistungen zeigen und mehr Befriedigung in dem finden, was wir uns bei
Aufträgen, aber auch im Privaten vornehmen.

Dass körperliche bzw. sportliche Aktivitäten präventiv und schützend gegen
Stress wirken, zeigen diverse Studien (Abb. 4.3).

Reinhard Fuchs und Sandra Klaperski (siehe hierzu vertiefend: Fuchs und
Klaperski 2018) sprechen als stressregulative Wirkungen u. a. an, dass

- körperliche Aktivitäten vor allem die Auftretenswahrscheinlichkeit physischer
  als auch mentaler Erkrankungen reduzieren;

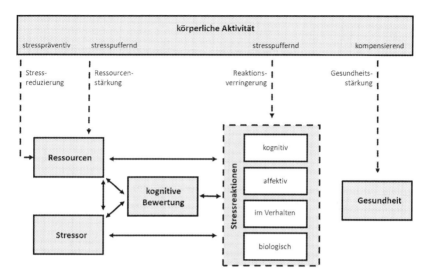

Abb. 4.3 Modell der stressregulativen Wirkweisen körperlicher Aktivität. (Nach Fuchs und Klaperski 2018)

- kollektive (Bewegungs-)Aktivitäten Stressoren verringern, die mit sozialer Isolation in Zusammenhang stehen (können);
- sportliche Aktivitäten sowohl die Selbstwirksamkeit als auch die Selbstwahrnehmung positiv beeinflussen;
- Sport zu einer gesteigerten Zufriedenheit mit sich selbst führt, weil man sich fit(ter) und stark bzw. stärker fühlt;
- kollektive Aktivitäten zu einer Verbesserung der wahrgenommenen sozialen Unterstützung führen können, beispielsweise durch motivierendes Feedback oder das Spenden von Trost bei Niederlagen;
- sportliche Aktivitäten im Bereich der Kognition – also der Prozesse, die mit Wahrnehmen und Erkennen zusammenhängen – eine Ablenkung bei negativen Gedanken bewirken;
- regelmäßige körperliche Aktivität mit einer besseren Gesundheit einhergeht, wodurch es einem Menschen möglich ist, hohe Stressbelastungen schadlos zu überstehen.

Dass dieses Grundmodell mehr ist als eine theoretische Überlegung, zeigt die Übernahme der hier dargestellten Überlegungen in einer HRO (High Reliability

Organization)[3] – mit den entsprechenden organisationsspezifischen Anpassungen. Die Ausgangslage stellte sich wie folgt dar: Bereits 2012 hatte das Unternehmen grundsätzliche Leitgedanken zur Förderung der psychischen Fitness seiner Mitarbeitenden verabschiedet. Diese wurden in den Folgejahren von den der oberen Führung nachgelagerten Bereichen mal unter dem Begriff Resilienz, mal als mentale Stärke kommuniziert. Entsprechende Fördermaßnahmen wurden je nach Auffassung der jeweiligen Verantwortlichen unterschiedlich realisiert – von Yoga über BGM-Maßnahmen bis hin zu Führungskräftecoaching.

Aufgrund überraschend auftretender Herausforderungen an die Organisation wurden im Jahr 2020 wesentliche Teile der Bildungsmaßnahmen für ausgewählte Führungskräfte und ExpertInnen konzeptionell neu aufgesetzt (siehe Abb. 4.4). In den Abstimmungsrunden wurde der oberen Führung deutlich, dass 1) ein zeitgemäßes und ganzheitliches Verständnis der die mentale Stärke fördernden Faktoren die berechtigten Erwartungen der Stakeholder am besten trifft, und dass 2) ein solches Konzept an bestehende Interventionen und Kompetenzfelder anschlussfähig ist. Dieses Konzept bildete nach einer Pilotphase ab Anfang 2021 sowohl den Rahmen für virtuelle als auch Präsenztrainings. Durch diese und flankierende Maßnahmen entwickelt sich derzeit ein gemeinsames Verständnis und Commitment zu dieser Vision mentaler Stärke.

---

[3] High Reliability Organizations (HROs) sind Organisationen, bei denen komplexe Systeme und die potenziell gefährdende Umwelt bzw. Rahmenbedingungen das Handeln der Mitarbeitenden beeinflussen. Grundsätzlich brauchen sie die Fähigkeit, über lange Zeiträume hinweg idealerweise fehlerfrei agieren zu können.

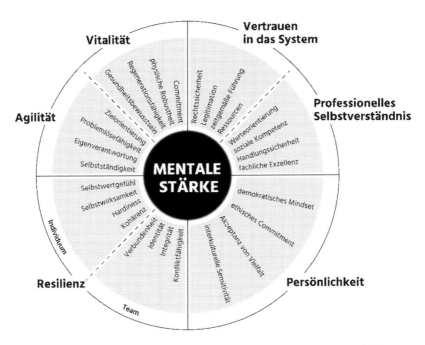

Abb. 4.4   mentale Stärke in der Umsetzung (siehe auch Unkrig 2021a, 2021b, 2022a)

Mentale Stärke – ein Konzept mit Potenzial

5

Unsere neue Realität, die durch die Pandemie und die Auswirkungen des Krieges im Osten Europas mit den Auswirkungen auf unser Leben entstanden ist, hat bei vielen von uns Unruhe, Unsicherheit oder sogar Ängste ausgelöst. Weder an dem Virus noch an der Aggression können wir derzeit etwas ändern. Aber wir können unsere Perspektive und Reaktion als auch unseren Fokus steuern. Dabei ist mentale Stärke gefragt, um auch in diesen schwierigen Zeiten resilient und aktiv zu bleiben und Leistung zu zeigen.

Das, was mentale Stärke ausmacht, hängt sowohl von unserer Einstellung als auch von unseren Gewohnheiten im Denken, Verhalten und Handeln ab. Wir sollten, nein, wir müssen anfangen, die bestimmenden Faktoren mentaler Stärke in ihrer Bedeutung und Wirkung zu verstehen und in unseren beruflichen Alltag zu integrieren. Es bringt uns nicht weiter, den Begriff (nur) als Schlagwort in den Mund zu nehmen. Denn mentale Stärke ist für unser Wohlbefinden und unsere Widerstandskraft genauso wichtig wie körperliche Fitness, wenn nicht sogar wichtiger. Und weil unser Verhalten und Handeln von unseren Denkweisen beeinflusst ist, spiegelt sie sich auch in unserer Leistung wider – ohne mentale Stärke wird diese wahrscheinlich langfristig nicht wettbewerbsfähig sein.

© Der/die Autor(en), exklusiv lizenziert an Springer Fachmedien Wiesbaden GmbH, ein Teil von Springer Nature 2022
E. R. Unkrig, *Mentale Stärke im Beruf,* essentials,
https://doi.org/10.1007/978-3-658-39173-7_5

Das hier vorgeschlagene Modell bietet eine klare Beschreibung dessen, was mentale Stärke ist und unter welchen Bedingungen diese Attribute und Faktoren erforderlich sind. Es hilft dabei, nicht nur das Gesamtbild zu verstehen, sondern auch im eigenen Umfeld die richtigen Prioritäten für die spezifischen Herausforderungen zu setzen. Erste Umsetzungen zeigen die Möglichkeiten und Potenziale, wie, in welcher Reihenfolge und unter welchen Bedingungen eine so verstandene und auf die konkreten Rahmenbedingungen und Bedürfnisse einer Organisation umgesetzten Stärke ihre Wirkung entfalten kann. Insofern ist es an der Zeit, dass Unternehmen, Institutionen, Politik und die Gesellschaft als Ganzes dem Thema (noch mehr) Aufmerksamkeit schenkt und sowohl Strategien als auch Konzepte zum Aufbau mentaler Stärke entwickelt. Damit wir in dem, was wir tun, unser Bestes geben können.

Was Sie aus diesem *essential* mitnehmen können

- Wir können Herausforderungen nicht ausweichen! Mentale Stärke hilft Ihnen, sich eben diesen Herausforderungen zu stellen oder zu akzeptieren, dass Sie etwas nicht beeinflussen können.
- Resilient zu sein heißt nicht, auch mental stark zu sein! Für mentale Stärke braucht es zusätzliche Fähigkeiten und Fertigkeiten, die Sie selbst entwickeln können.
- Mentale Stärke als das Ergebnis von persönlichen Überzeugungen und Einstellungen! Als mental starke Persönlichkeit sind Sie sich Ihrer mentalen Modelle und deren Wirkung bewusst.
- Mentale Stärke hat viele Faktoren! Sie wird schrittweise aufgebaut, indem Sie Klarheit über das gewinnen, was für Sie selbst, aber auch für Ihr Team und Ihre Organisation wichtig ist.

E. R. Unkrig, *Mentale Stärke im Beruf,* essentials,
https://doi.org/10.1007/978-3-658-39173-7

Literatur[1]

Adler, A./Bliese, P./Pickering, M./Hammermeister, J./Williams, J./Harada, C./Csoka, L./Holliday, B./Ohlson, C. (2015). Mental skills training with basic combat training soldiers: A group-randomized trial. In: Journal of Applied Psychology, 100(6), S. 1752–1764

Anthony, D./Gordon, S./Gucciardi, D. (2020). A qualitative exploration of mentally tough behaviour in Australian football. In: Journal of Sports Sciences, 38(3), S. 308–319

Arthur, C./Fitzwater, J./Hardy, L./Beattie, S./Bell, J. (2015) Development and validation of a military training mental toughness inventory. In: Military Psychology, 27 (4), S. 232–241

Baumann, S. (2011). Psyche in Form: Sportpsychologie auf einen Blick. Meyer und Meyer

Baumann, S. (2015). Psychologie im Sport. Psychische Belastungen meistern – Mental trainieren – Konzentration und Motivation (6. Aufl.). Meyer und Meyer

Beattie, S./Alqallaf, A./Hardy, L. (2017). The effects of punishment and reward sensitivities on mental toughness and performance in swimming. In: International Journal of Sport Psychology (48), S. 246–261

Beattie, S./Alqallaf, A./Hardy, L./Ntoumanis, N. (2019). The mediating role of training behaviours on self-reported mental toughness and mentally tough behaviour in swimming. In: Sport, Exercise, and Performance Psychology, 8(2), S. 179–191

Beattie, S./Hardy, L./Cook, A./Gucciardi, D. (2020). Mental toughness training. In: Hodges, N./Williams, A. (Hrsg.). Skill acquisition in sport: Research, theory and practice (3. Aufl.). Routledge, S. 255–270

Benjamin, D./Heffetz, O./Kimball, M./Rees-Jones, A. (2011). Do People Seek to Maximize Happiness? Evidence from New Surveys. Cornell University Research Institute

Bird, M./Simons, E./Jackman, P. (2021). Mental Toughness, Sport-Related Well-Being, and Mental Health Stigma Among National Collegiate Athletic Association Division I Student-Athletes. In: Journal of Clinical Sport Psychology, 15(4), S. 306–322

Brand, S./Kalak, N./Gerber, M./Clough, P./Lemola, S./Pühse, U./Holsboer-Trachsler, E. (2016). During early and mid-adolescence, greater mental toughness is related to increased sleep quality and quality of life. In: Journal of Health Psychology, 21(6), S. 905–915

Braun, O. (2020). Positive Psychologie, Kompetenzförderung und Mentale Stärke. Gesundheit, Motivation und Leistung fördern. Springer

---

[1] Hier angeführte Online-Quellen wurden letztmalig am 01.08.2022 abgerufen.

Braun, O./Pilger, S. (2022). Mentale Stärke in bewegten Zeiten. Windmühle

Buchanan, G./Seligman, M. (1995). Explanatory style. Lawrence Erlbaum

Bull, S./Shambrook, C./James, W./Brooks, J. (2005). Towards an understanding of mental toughness in elite English cricketers. In: Journal of Applied Sport Psychology, 17(3), S. 209–227

Calum A./Fitzwater, J./Hardy, L./Beattie, S./Bell, J. (2015). Development and Validation of a Military Training Mental Toughness Inventory. In: Military Psychology, 27(4), S. 232–241

Cherry, K. (2021). Self-Determination Theory and Motivation. https://www.verywellmind.com/what-is-self-determination-theory-2795387

Clough, P./Earle, K./Sewell, D. (2002). Mental toughness: The concept and its measurement. In: Cockerill, I. (Hrsg.). Solutions in sport psychology. Thomson, S. 32–43

Connaughton, D./Hanton, S./Jones, G./Wadey, R. (2008). Mental toughness research: Key issues in this area. In: International Journal of Sport Psychology, 39(3), S. 192–204

Connaughton, D./Hanton, S. (2009). Mental toughness in sport: Conceptual and practical issues. In: Mellalieu, S./Hanton, S. (Hrsg.). Advances in applied sport psychology: A Review. Routledge S. 317–346

Connaughton, D./Thelwell, R./Hanton, S. (2011). Mental toughness development. In: Gucciardi, D./Gordon, S. (Hrsg.), Mental toughness in sport: Developments in theory and research. Routledge, S. 135–162

Cooper, C./Quick, J. (2017). The handbook of stress and health: A guide to research and practice. Wiley

Cordes, T./Schmidt, D./Jaeger, J./Wollesen, B. (2021). Effekte einer Trainingsintervention für Pflegeheimbewohner zur Verbesserung von Alltagsaktivitäten. Universität Hamburg – Institut für Bewegungswissenschaft

Coulter, T./Mallett, C./Gucciardi, D. (2010). Understanding mental toughness in Australian soccer: Perceptions of players, parents, and coaches. In: Journal of Sports Sciences, 28(7), S. 699–716

Cowden, R. (2017). Mental toughness and success in sport: A review and prospect. In: The Open Sports Sciences Journal, 10(1), S. 1–14

Czerner, M. (2019). Alles Kopfsache: Punktgenau in Höchstform (2. Aufl.). Business Village

Diener, E./Lucas, R./Oishi, S. (2002). Subjective well-being: The science of happiness and life satisfaction. In: Snyder, C./Lopez, S. (Hrsg.). Handbook of Positive Psychology. Oxford University Press, S. 63–73

Dreisbach, G. (2008). Wie Stimmungen unser Denken beeinflussen. In: Report Psychologie 33 (6), S. 289–298

Duckworth, A. (2018). Grit: The Power of Passion and Perseverance. Scribner

Eberspächer, H. (2019). Mentales Training. Das Handbuch für Trainer und Sportler (9. Aufl.). Copress

Fourie, S./Potgieter, J. R. (2001). The nature of mental toughness in sport. In: South African Journal for Research in Sport, Physical Education and Recreation, 23(2), S. 63–72

Frankl, V. (2017). Wer ein Warum zu leben hat: Lebenssinn und Resilienz. Beltz

Frederickson, B. (2009). Positivity: Groundbreaking Research to Release Your Inner Optimist and Thrive. Oneworld

Fuchs, R./Klaperski, S. (2018). Stressregulation durch Sport und Bewegung. In: Fuchs, R./Gerber, M. (Hrsg.). Handbuch Stressregulation und Sport. Springer, S. 205–226

Galderisi, S./Heinz, A./Kastrup, M./Beezhold, J./Sartorius, N. (2015). Toward a new defini-
tion of mental health. In: World Psychiatry 14(2), S. 231–233
Goldberg, A. (1998). Sports slumps: 10 steps to mental toughness and peak performance.
Human Kinetics
Gucciardi, D. (2017). Mental toughness: Progress and prospects. In: Current Opinion in
Psychology (16), S. 17–23
Gucciardi, D. (2020). Mental toughness: Taking stock considering new horizons. In: Tenen-
baum, G./Eklund, R. (Hrsg.). Handbook of sport psychology (4. Aufl.). Wiley, S. 101–120
Gucciardi, D./Gordon, S. (2011). Mental toughness in sport: Developments in theory and
research. Routledge
Gucciardi, D./Gordon, S./Dimmock, J. (2008). Towards an understanding of mental tough-
ness in Australian football. In: Journal of Applied Sport Psychology, 20(3), S. 261–281
Gucciardi, D./Gordon, S./Dimmock, J. A. (2009). Advancing mental toughness research
and theory using personal construct psychology. In: International Review of Sport and
Exercise Psychology, 2(1), S. 54–72
Gucciardi, D./Hanton, S./Gordon, S./Mallett, C./Temby, P. (2015a). The concept of mental
toughness: Tests of dimensionality, nomological network, and traitness. In: Journal of
Personality, 83(1), S. 26–44
Gucciardi, D./Lines, R./Ducker, K./Peeling, P. Chapman, M./Temby, P. (2021). Mental
toughness as a psychological determinant of behavioral perseverance in special forces
selection. In: Sport, Exercise, and Performance Psychology, 10(1), S. 164–175
Gucciardi, D./Jackson, B./Hanton, S./Reide, M. (2015b). Motivational correlates of mentally
tough behaviours in tennis. In: Journal of Science and Medicine in Sport, 18(1), S. 67–71
Hammermeister, J./Pickering, M./Lennox, A. (2011). Comprehensive Soldier Fitness: Performance and Resilience Enhancement Program. In: The Journal of Performance Psychology (3)
Hardy, L./Bell. J./Beattie, S. (2013). A Neuropsychological Model of Mentally Tough Beha-
vior. In: Journal of Personality, 82(1), S. 69–81
Hawkley, L./Cacioppo, J. (2010). Loneliness Matters: A Theoretical and Empirical Review
of Consequences and Mechanisms. In: Annals of Behavioral Medicine, 40(2), S. 218–227
Heimsoeth, A. (2017). Mentale Stärke: Was wir von Spitzensportlern lernen können. Beck
Heiner, M. (2004). Professionalität in der Sozialen Arbeit. Theoretische Konzepte, Modelle
und empirische Perspektiven. Kohlhammer
Heinrichs, M./Stächele, T./Domes, G. (2015). Stress und Stressbewältigung. Hogrefe
Herrman, H./Saxena, S./Moodie, R. (2010). Promoting Mental Health. Concepts, Emerging
Evidence, Practice. WHO Library
Hobfoll, S. (1989). Conservation of resources: A new attempt at conceptualizing stress. In:
American Psychologist, 44(3), S. 513–524
Hobfoll, S. (2002). Social and psychological resources and adaptation. In: Review of General
Psychology, 6(4), S. 307–324
Hornberg, C. (2016). Gesundheit und Wohlbefinden. In: Gebhard, U./Kistemann T. (Hrsg.).
Landschaft, Identität und Gesundheit. Springer, S. 63–69
Jones, G./Hanton, S./Connaughton, D. (2002). What is this thing called mental toughness?
An investigation of elite sport performers. In: Journal of Applied Sport Psychology, 14(3),
S. 205–218

Jones, G./Hanton, S./Connaughton, D. (2007). A framework of mental toughness in the world's best performers. In: The Sport Psychologist, 21(2), S. 243–264

Karges, R./Lehner, I. (2005). Zum Berufsbild in der Sozialen Arbeit. Das berufliche Selbstverständnis und seine Unschärfe. In: Soziale Arbeit (12), S. 449–456

Kashdan, T./Mishra, A./ Breen, W./Froh, J. (2009). Gender differences in gratitude: Examining appraisals, narratives, the willingness to express emotions, and changes in psychological needs. In: Journal of Personality, 77(3), S. 691–730

Kelly, G. (1991). The psychology of personal constructs. Vol. I, II (2. Aufl.). Routledge

Keyes, C. (2002). The mental health continuum: From languishing to flourishing in life. In: Journal of Health and Social Behavior, 43(2), S. 207–222

Knörzer, W./Amler, W./Heid, S./Janiesch, J./Rupp, R. (2019). Das Heidelberger Kompetenztraining. Grundlagen, Methodik und Anwendungsfelder zur Entwicklung mentaler Stärke. Springer

Knörzer, W./Amler, W./Rupp, R. (2011). Mentale Stärke entwickeln. Das Heidelberger Kompetenztraining in der schulischen Praxis. Beltz

Krane, V./Williams, J. (2021). Psychological characteristics of peak performance. In: Williams, J./Krane, V. (Hrsg.). Applied sport psychology: Personal growth to peak performance (8. Aufl.). McGraw Hill, S. 159–175

Lazarus, R./Folkman, S. (1984). Stress, Appraisal, and Coping. Springer

Lin, Y./Mutz, J./Clough, P./Papageorgiou, A. (2017). Mental toughness and individual differences in learning, educational and work performance, psychological well-being, and personality: A systematic review. In: Frontiers of Psychology (8)

Loehr, J. (1982). Athletic excellence: Mental toughness training for sports. Plume

Loehr, J. (1986). Mental toughness training for sports: Achieving athletic excellence. Stephen Greene Press

Loehr, J. (1995). The New Toughness Training for Sports. Plume

Luhmann, N. (2014). Vertrauen: Ein Mechanismus der Reduktion sozialer Komplexität (5. Aufl.). UTB

Maddi, S. (2004). Hardiness: An operationalization of existential courage. In: Journal of Humanistic Psychology (44), S. 279–298

Maddi, S. (2006). Hardiness: The courage to grow from stresses. In: The Journal of Positive Psychology, 1(3), S. 160–168

Maddi, S./Kobasa, S. (1984). The hardy executive: Health under stress. Dow Jones-Irwin

Madeson, M. (2021). Seligman's PERMA+ Model Explained: A Theory of Wellbeing. https://positivepsychology.com/perma-model/

Madrigal, L. (2020). The Development of a Behavior Checklist for Mentally Tough Behaviors in Volleyball. In The Sport Psychologist 34(3), S. 177–186

Marchant, D./Polman, R./Clough, P./Jackson, J./Levy, A./Nicholls, A. (2009). Mental toughness: Managerial and age differences. In: Journal of Managerial Psychology, 24(5), S. 428–437

Masciocchi, E./Maltais, M./El Haddad, K./Rolland, Y./Vellas, B./de Souto Barreto, P. (2020). Defining Vitality Using Physical and Mental Well-Being Measures in Nursing Homes: A Prospective Study. In: Journal of Nutrition, Health und Aging (24), S. 37–42

Maslow, A. (1954). Motivation and Personality. Harper

Mayer, J./Skimmyhorn, W. (2017). Personality attributes that predict cadet performance at West Point. In: Journal of Research in Personality (66), S. 14–26

McGeown, S./Putwain, D./St Clair-Thompson, H./Clough, P. (2017). Understanding and supporting adolescents' mental toughness in an education context. In: Psychology in the Schools, 54(2), S. 196–209

McNab, C. (2016). Military Mental Toughness. Elite Training for Critical Situations. Ulysses

Meggs, J./Chen, M./Hoehn, S. (2019). Relationships between flow, mental toughness and subjective performance perception in various triathletes. In: Perceptual and Motor Skills 126(2), S. 241–252

Mencke, C. (2005). Vertrauen in Sozialen Systemen und in der Unternehmensberatung. DUV

Middleton, C./Marsh, H./Martin, A./Richards, G./Savis, J./Perry, C./Brown, R. (2004). The Psychological Performance Inventory: Is the mental toughness test tough enough? In: International Journal of Sport Psychology (35), S. 91–108

Middleton, S./Martin, A./Marsh, H. (2011). Development and validation of the mental toughness inventory (MTI): Construct validation approach. In: Gucciardi, D./Gordon, S. (Hrsg.), Mental toughness in sport: Developments in theory and research. Routledge, S. 91–107

Müssener, D. (2022). Resilienz und Mentale Stärke: Verborgene Kräfte, die in jedem von uns stecken. BoD

Oxford Dictionary of Sports Science und Medicine (2006) (3. Aufl.)

Parsons, T. (1967). Definition von Gesundheit und Krankheit im Lichte der Wertbegriffe und der sozialen Struktur Amerikas. In: Mitscherlich, A./Brocher, T./von Mering, O./Horn, K. (Hrsg.). Der Kranke in der modernen Gesellschaft. Syndikat, S. 57–87

Pfister, I./Jacobshagen, N./Kälin, W./Stocker, D./Meier, L./Semmer, N. (2020). Appreciation and illegitimate tasks as predictors of affective well-being: Disentangling within- and between-person effects. In: Journal of Work and Organizational Psychology, 36(1), S. 63–75

Philippe, R./Schwab, L./Biasutti, M. (2021). Effects of Physical Activity and Mindfulness on Resilience and Depression During the First Wave of COVID-19 Pandemic. In: Frontiers in Psychology (12)

Psychomeda (o. J.) www.psychomeda.de/lexikon/mentale-staerke.html

Regös, R. (2018). Intrapersonale Ursachen des Dropouts im Eissport. Dissertation, Martin-Luther-Universität Halle-Wittenberg

RKI (o. J.). www.rki.de/DE/Content/GesundAZ/G/Gesundheitsfoerderung/Gesundheitsfoerderung_node.html

Ryan, R./Deci, E. (2001). On happiness and human potentials: A review of research on hedonic and eudaimonic well-being. In: Annual Review of Psychology 52(1), S. 141–166

Ryan, R./Deci, E. (2017). Self-determination theory: Basic psychological needs in motivation, development, and wellness. Guilford

Ryan, R./Frederick, C. (1997). On energy, personality, and health: Subjective vitality as a dynamic reflection of well-being. In: Journal of personality 65 (3) S. 529–565

Ryff, C./Keyes, C. (1995). The Structure of Psychological Well-Being Revisited. In: Journal of Personality and Social Psychology, 69(4), S. 719–927

Schandry, R. (1998). Lehrbuch der Psychophysiologie. (2. Aufl.). Psychologie Verlags Union

Scheier, M./Carver, C./Bridges, M. (2001). Optimism, pessimism, and psychological well-being. In: Chang, E. (Hrsg.), Optimism und pessimism: Implications for theory, research, and practice. American Psychological Association, S. 189–216

Schwartz, B./Ward, A./Monterosso, J./Lyubomirsky, S./White, K./Lehmann, D. (2002). Maximizing Versus Satisficing: Happiness Is a Matter of Choice. In: Journal of Personality and Social Psychology, 83(5), S. 1178–1197

Seligman, M. (1998). Building human strength: Psychology's forgotten mission. In: APA Monitor 29(1)

Seligman, M. (2004), Authentic Happiness: Using the New Positive Psychology to Realize Your Potential for Lasting Fulfillment. Atria Books

Seligman, M. (2011). The Original Theory: Authentic Happiness. https://www.authentichap piness.sas.upenn.edu/learn/wellbeing

Seligman, M. (2012). Flourish: A Visionary New Understanding of Happiness and Wellbeing. Atria Books

Seligman, M./Steen, T./Park; N./Peterson, C. (2005). Positive Psychology Progress. Empirical Validation of Interventions. In: American Psychologist, 60 (5), S. 410–421

Sieber, V./Flückiger, L./Mata. J./Job, V. (2019). Autonomous Goal Striving Promotes a Nonlimited Theory About Willpower. In: Personality and Social Psychology Bulletin, 45(8), S. 1295–1307

Siedlecki, K./Salthouse, T./Oishi, S./Jeswani, S. (2014). The Relationship Between Social Support and Subjective Well-Being Across Age. In: Social Indicators Research, 117(2), S. 561–576

St Clair-Thompson, H./Giles, R./McGeown, S./Putwain, D./Clough, P. Perry, J. (2016). Mental toughness and transitions to high school and to undergraduate study. In: Educational Psychology, 37(7), S. 792–809

Stäuble, M. (2019). 101 Techniken für deine mentale Stärke: Mentaltraining für Sport, Beruf, Schule und Alltag. Tredition

Thelwell, R./Weston, N./Greenlees, I. (2005). Defining and understanding mental toughness within soccer. In: Journal of Applied Sport Psychology, 17(4), S. 326–332

Unkrig, E. (2020). Mandate der Führung 4.0. Agilität – Resilienz – Vitalität. Springer

Unkrig, E. (2021a). Resilienz im Unternehmen. Den Faktor Mensch fördern. Springer

Unkrig, E. (2021b). Mentale Stärke fördern – Eine strategische Herausforderung für Bildung und Personalentwicklung. In: Feuchthofen, J./Jagenlauf, M./ Kaiser, A. (Hrsg.). Grundlagen der Weiterbildung – Praxishilfen. Luchterhand

Unkrig, E. (2022a). Mentale Stärke im Beruf. Mentale Stärke ist mehr als Resilienz. In: Laske, S./Orthey, A./Schmid, M. (Hrsg.). PersonalEntwickeln. Das aktuelle Nachschlagewerk für Praktiker. Wolters Kluwer, 278. Erg.-Lfg

Unkrig, E. (2022b). Mentale Stärke ist mehr als nur ein Schlagwort! In: IF Zeitschrift für Innere Führung, II-2022b, S. 40–45

Vansteenkiste, M./Ryan, R./Soenens, B. (2020). Basic psychological need theory: Advancements, critical themes, and future directions. In: Motivation and Emotion (44), S. 1–31

Welter-Enderlin, R./Hildenbrand, B. (Hrsg.) (2015). Resilienz – Gedeihen trotz widriger Umstände (5. Aufl.). Carl-Auer

Wheeler, L./Suls, J. (2015). Psychology of Social Comparison. In: Wright, J. (Hrsg.) International Encyclopedia of the Social und Behavioral Sciences (2. Aufl.). Elsevier, S. 210–215

WHO World Health Organization (2004). Promoting mental health: Concepts, emerging evidence, practice (Summary Report). WHO Library

Williams, E. (2013). An investigation of business mental toughness using personal construct psychology. (thesis). University of Manchester

Zautra, A./Hall, J./Murray, K. (2010). Resilience: A new definition of health for people and communities. In: Reich, J./Zautra, A./Hall, J. (Hrsg.). Handbook of Adult Resilience. Guilford, S. 3–30

ZInFü Zentrum Innere Führung (Hrsg.) (2020). Die Verteidigung unserer Werte. Gemeinsam gegen Extremismus

Printed in the United States
by Baker & Taylor Publisher Services